CONTENTS

Chapter 1 5
ДОСУГ
Aspects

Chapter 2 19
НАША ПЛАНЕТА
Future Tense

Chapter 3 34
ПРЕСТУПЛЕНИЕ
Indirect Speech

Chapter 4 48
ТРУД!
Gerunds and Participles

Chapter 5 64
СТИХИЯ
Numerals

Chapter 6 79
ГОРОД И ДЕРЕВНЯ
Long and Short Adjectives; Negatives

Chapter 7 93
СЧАСТЛИВОГО ПУТИ!
Verbs of motion

Chapter 8 107
КАК МЫ ЖИВЁМ?
Conditional and Subjunctive Mood

Chapter 9 122
КУЛЬТУРА
Comparatives and Superlatives

Chapter 10 138
НА ЗДОРОВЬЕ!
Passives

LISTENING COMPREHENSION EXERCISES 153

VOCABULARY 176

PREFACE

ПОШЛИ ДАЛЬШЕ! is a complete language course for Russian designed to take students through from GCSE to A-level. The course aims to promote fluency and accuracy in the language, as well as flexibility in its use. It includes a wide range of language exercises to develop equally reading, writing, speaking and listening skills.

Course chapters are intended to be followed in sequence, but this is a matter for individual preference. The texts within the *ПРАКТИКА* sections are self-contained units and may be studied selectively. All exercises have been tested extensively among sixth-formers and adult students.

All source materials are authentic. They include work carried out with native Russian speakers and articles from the following Soviet periodicals: *Здоровье, Известия, Культура и жизнь, Литературная газета, Московские новости, Наука, Огонёк, Правда, Путешествие в СССР, Смена, Советская женщина, Советский союз, Труд.*

The listening comprehension exercises are recorded on accompanying cassettes and are indicated in the textbook by a .

The vocabulary is not exhaustive: cognates and words commonly encountered at GCSE level are not included.

Finally, the authors would like to thank sixth-formers in Bristol and Sherborne and adult education students in Somerset for being willing guinea-pigs, as well as our long-suffering spouses, Galya and Ian, for their patience and support.

Michael Ransome and Daphne West
July 1990

Chapter 1
ДОСУГ

Часть первая: ТЕОРИЯ

ДАВАЙТЕ НАЧНЁМ!

Школа в Великобритании. В классе. У окна стоит учительница. Она стоит молча несколько минут, потом начинает говорить студентам. Студенты тихо сидят, некоторые из них, очевидно, нервничают, другие спят (поздно легли спать вчера вечером!); некоторые слушают с интересом, другие смотрят в окна.

Учительница	Что вы делали в августе? Как вы отдыхали? Наверно вы плавали, играли в теннис, лежали на солнце ...
Студенты	*(бормочут)* Да, да ...
Учительница	*(бодрым голосом)* Надеюсь, что вы хорошо отдохнули, потому что сегодня начался новый учебный год — пора взяться за работу! *(Студенты охают)* Вы решили заниматься русским языком — молодцы!
Студенты	*(шепчут)* Конечно же молодцы!
Учительница	Но знаете, жизнь в шестом классе не очень похожа на жизнь в младших классах. Как вы хорошо помните, (*'О Боже, как скучно!' бормочет кто-то в углу*) в младших классах вы изучали целый ряд предметов, некоторые из них вам нравились, другие — не очень. А в шестом классе вы будете заниматься (в принципе!) предметами, которые вы выбрали потому, что они вам нравятся. Сегодня утром вам дали новое расписание и объяснили как можно больше о жизни в шестом классе. Итак теперь вы все готовы приступить к работе, да?
Студенты	*(некоторые искренне, другие — не очень)* Да, конечно!
Учительница	Главное — не беспокойтесь; если вы не понимаете, то спрашивайте, пожалуйста; если у вас вопросы есть, то задавайте их. Ладно? Вопросы есть?
Студент в углу	Да, когда начнём?
Учительница	Сейчас же! Откройте книги ...

ASPECTS

An understanding of how the IMPERFECTIVE and the PERFECTIVE aspects work is the key to the correct use of verbs in Russian. You will already be quite familiar with aspects in the past tense. We will revise this and also consider aspects in the imperative and the infinitive, before going on to the future in Chapter 2.

Apart from the present tense, when we must always use the *IMPERFECTIVE*, we must always consider <u>aspects</u> when using verbs in Russian. Most simply, the main question to be answered is very often 'how many times is the action done?' A single occasion usually requires the *PERFECTIVE*, repetition usually the *IMPERFECTIVE* aspect. In more detail, the reasoning determining our decision can be expressed as follows:

IMPERFECTIVE	PERFECTIVE
This aspect is required for:	This aspect is required for:

IMPERFECTIVE

This aspect is required for:

1. <u>Repeated actions.</u>
В Москве я покупал[а]
сувениры каждый день.
In Moscow I bought souvenirs
every day.

2. <u>Continuing actions.</u>
Шёл дождь и я читал[а] книгу.
It was raining and I was reading.

3. <u>Incomplete actions.</u>
Вчера я писал[а] сочинение –
оно почти готово!
Yesterday I wrote an essay — it's
nearly ready.

PERFECTIVE

This aspect is required for:

<u>Single, completed actions.</u>
Я встал[а], позавтракал[а]
и пошёл/пошла в школу.
I got up, had breakfast and
went to school.

There are several ways the
PERFECTIVE can be formed
relative to the *IMPERFECTIVE*:
a prefix may be added, an
infix removed, a suffix
changed or sometimes a
completely different word is
invented. It is therefore best
to learn each verb as a pair.
In vocabulary lists where both
aspects are written in full,
the first one given is the
IMPERFECTIVE.

These criteria apply equally to the use of verbs in the **INFINITIVE**:
Я решил[а] купить одну газету сегодня.
I decided to buy one newspaper today.
Я решил[а] покупать газету каждый день.
I decided to buy a newspaper every day.

However, after **начинать/начать**, **продолжать** and **кончать/кончить** the
verb in the infinitive <u>must always be the</u> *IMPERFECTIVE*:
После обеда я начал[а] читать роман.
After lunch I began to read the novel.

With the **IMPERATIVE** the *IMPERFECTIVE* is generally a more polite invitation,
while the *PERFECTIVE* is more of a brusque order:

Садись, пожалуйста.
Please sit down.

Сядь!
Sit down!

NEGATIVE IMPERATIVES are usually *IMPERFECTIVES*:
Не теряй новые перчатки!
Don't lose your new gloves!
Не бери мою ручку!
Don't take my pen!

N.B. There is another occasion on which the *IMPERFECTIVE* must be used in
Russian - a single action completed <u>in the past</u> <u>but</u> subsequently 'undone':

К тебе пришёл друг - он в гостиной.
Your friend has come; he's in the lounge.
К тебе приходил друг - но он не хотел ждать.
Your friend came - but he didn't want to wait.
Я приготовил[а] тебе ужин. Он на столе.
I made you supper. It's on the table.
Я готовила тебе ужин, но собака съела его.
I made you supper, but the dog ate it.

УПРАЖНЕНИЕ: Дополните каждое предложение:

1. В прошлом году он _____ (писать/написать) мне каждый день.
2. Она продолжала _____ (готовить/приготовить) ужин, хотя
    она плохо себя чувствовала.
3. Виктор решил _____ (покупать/купить) мне красивую картину.
4. - Света!   Как я рад тебя видеть!   _____ (входить/войти),
    пожалуйста!
5. Ему было трудно поверить, что даже один раз они _____
    (купаться/выкупаться) в реке в такой холод.
6. Мы _____ (обедать/пообедать), когда вдруг _____
    (звонить/зазвонить) телефон.
7. Вчера он долго работал, но к сожалению не _____ (кончать/
    кончить) сочинение.
8. В Ленинграде туристы _____ (посещать/посетить) много
    музеев и памятников.
9. - Ваш номер на пятом этаже. _____ (уносить/унести) ваш багаж
    в номер, пожалуйста.
10. Вчера он полтора часа _____ (говорить/сказать) по телефону!

Часть вторая: ПРАКТИКА

Текст 1: КАК ПОЛЬЗОВАТЬСЯ ДОСУГОМ?

АКРОБАТИКА

Сила, ловкость и красота
- именно эти качества про-
демонстрировали спортсмены
из 12 стран в Риге, где
проходили розыгрыш Кубка
мира и чемпионат Европы по
акробатике.

Геройней   чемпионата   стала
Людмила Громова.   Вот уже 15 лет
она не знает себе равных в акро-
батических прыжках. И на этот
раз спортсменка из Ставрополя
(кстати, мать двоих детей) не
оставила никаких шансов более

молодым соперницам.

В 1973 году, когда была создана Международная федерация спортивной акробатики (МФСА), этот вид спорта был развит только в трёх странах – Болгарии, СССР и Польше. Сегодня с ними успешно конкурируют спортсмены из Великобритании, США и ФРГ. Огромного прогресса добились в последние годы акробаты из Китая. И не случайно что спортсмены Китая смогли завоевать в Риге шесть медалей.

Стремительно растёт популярность акробатики во всём мире. И полные трибуны рижского манежа нас убеждают в том, что недалёк день, когда акробатика станет олимпийском видом спорта.

ФОТОГРАФИЯ

Две любви, две профессии, две страсти тесно переплелись в жизни Гурама Тугуши: фотография и кино. Ему было 10 лет, когда он выиграл на лотерею фотоаппарат. Дома в гостиной, под столом, он оборудовал себе фотолабораторию. И в течение месяца подарил всем соседям по подъезду их портреты.

И теперь, несмотря на занятность своей рабочей жизни ни на один день он не оставляет фотоаппарата.

КОЛЛЕКЦИОНИРОВАНИЕ

Одно из увлечений нашего кружка садоводов – сбор коллекции редких в нашей местности растений, их размножение и распространение.

Каждый год коллекция пополняется. Недавно наша коллекция обогатилась 20 сортами георгинов и шесть сортами астр. С Памира мы получили семена многих видов многолетних луков и Днепропетровский университет нам помог размножить эти растения.

Коллекция растений дарит всем радость. Радуют они нас и красотой формы, и окраски, необыкновенным ароматом, который напоминают нам о тех краях, откуда к нам пришло то или иное растение.

А.   Вы хорошо поняли тексты? Прочитайте следующие утверждения и решите: правда или неправда?

1.   В розыгрыше Кубка мира участвовали спортсмены из шестнадцати стран.
2.   Людмила Громова часто успешно выступает.
3.   Интерес к акробатике растёт, но медленно.
4.   В день рождения родители подарили Гураму фотоаппарат.
5.   Гурам занимался фотографией дома.
6.   Гурам подарил фото людям, которые рядом жили.

7. Члены кружка садоводов больше всего интересуются коллекционированием овощей.
8. Каждый год они расширяют свою коллекцию.
9. Члены кружка любят растения только потому, что они красивые.

Б.   Телефонный разговор. Дополните диалог.

Оля	Say hello and ask who it is.
Саша	Это Саша. Как дела?
Оля	Say everything's O.K.
Саша	Слушай, Оля, сегодня вечером мы с Борей поедем на каток. Ты не хочешь поехать с нами?
Оля	Say you don't really like skating.
Саша	А почему же нет?
Оля	Say it's too cold outside and you prefer to stay at home and read a good book.
Саша	Ты много теряешь! Ведь кататься на коньках очень весело!
Оля	Say perhaps, but you're just not interested in sport.
Саша	Очень жаль, что ты не приедешь с нами.
Оля	Thank him for his invitation and say good-bye.

В.   Кто чем занимается? Прочитайте внимательно следующий список слов, затем дополните каждое предложение словом (или словами) наиболее подходящим (подходящими) по смыслу:

агрессивный	тихий
здоровый	творческий
серьёзный	энергичный
смелый	

1. Человек, который хочет заниматься альпинизмом, должен быть _____.
2. Человек, который хочет заниматься коллекционированием марок, должен быть _____.
3. Человек, который хочет заниматься рисованием, должен быть _____.
4. Человек, который хочет заниматься рыбной ловлей, должен быть _____.
5. Человек, который хочет заниматься спортивной борьбой, должен быть_____.

Г.   Прослушайте следующие объявления и напишите ваши ответы на вопросы. Вы прослушаете каждое объявление два раза.

1. When does the Moscow International Marathon take place?
2. What features make the Northern Caucasus an attractive holiday area?

3. How long did Sergei Naidich take to windsurf around the Black Sea?
4. Which competition did Igor Strunin win?
5. How many competitors took part in the "Miss USSR" finals?

Д. Вы только что прочитали в газете письмо, в котором писатель жалуется на то, что ныне молодые люди — ленивые, бездеятельные, пассивные, что они всё свободное время проводят перед телевизором. Найдите партнёра и обсудите:

а) почему это мнение вам кажется неправильным.

б) сколько часов вы проводите перед телевизором
     и что вы смотрите.

в) какие у вас интересные времяпрепровождения
     и дайте причины, почему вы занимаетесь ими.

    Теперь напишите ответ в редакцию газеты! (100 слов)

Текст 2:   КУДА СЕГОДНЯ?

У памятника поэту Ивану Никитину — традиционное место свиданий в Воронеже — встретились девушка и парень. Впереди свободный день; как его провести?

Горожанин — понятие собирательное. А все люди разные. Познакомимся сначала с этими двоими. Спросим об их вкусах и привычках.

Светлана Кондратьева и Александр Болдырев — рабочие завода, где производят сельскохозяйственные машины. Работают в одном цехе. Александр — студент вечернего отделения политехнического института, учится на втором курсе; Светлана только что поступила в университет, на экономический факультет, тоже на вечернее отделение. Так что люди они занятые. «Для отдыха мало времени, — говорит Александр. — Раньше занимался в секциях акробатики и бокса, теперь я даже почти никогда не катаюсь на велосипеде». Но в заводских физкультурных соревнованиях оба участвуют активно. Любят лыжи — у завода своя лыжная база. Летом по выходным стараются выехать на природу: двухдневная путёвка на загородную базу отдыха обходится каждому в 3 рубля (треть цены — «спасибо профсоюзу, дёшево и приятно»). Свои предпочтения в сфере культуры Александр разместил в таком порядке: книги, эстрадная музыка, кино, фотография, театр. Светлана, пояснив, что «вкуса к танцам, которыми увлекаются многие сверстники, почему-то не нажила», указала чтение, кино, театр, а в театре на первое место поставила драму и балет, потом оперетту, потом оперу...

Верно сказано, что каждый человек нетипичен. И всё-таки несём мы в себе некоторые общие черты. Театральные вкусы Светланы, например, совпадают со вкусами собирательного (то есть среднестатистического) воронежца.

Среднестатистический воронежец за год три-четыре раза посещает театр и концертный зал, восемь раз отправляется в клуб или парк, чтобы послушать концерт, лекцию, посетить выставку или, скажем, книжную ярмарку. В кинотеатре смотрит 14 фильмов, берёт из библиотеки 35 книг. Чаще всего он занимается в легкоатлетической и лыжной секциях. Потом идут спортивная стрельба, футбол, шахматы. Кроме того, житель Воронежа - любитель оздоровительного бега.

Вообще, что касается отдыха, это очень личное дело - и действительно, очень разные мы все. И отдыхаем часто не на людях. А если даже и на людях... Влюблённые, не замечая никого вокруг, бродят часами по тенистым воронежским улицам. У парапета набережной устроились рыболовы. Вчера, и позавчера, и третьего дня их было тут много, тогда клевало. Сегодня ветер переменился, не клюёт, сегодня всего-то человек десять с удочками. А где остальные? Остались дома перед телевизорами? Позвали соседа сыграть в шашки? Каждый сам определит, чем заняться. Это его личные проблемы.

Досуг - проблема не только психологическая, но и педагогическая. Одна из задач службы стратегов досуга в том, чтобы побуждать горожан, особенно молодёжь, к содержательному и активному отдыху. Тот, кто приходит в клуб с мыслью «пусть меня развлекут», вызывает озабоченность у стратегов досуга: они исходят из убеждения, что в любом времяпрепровождении должно быть творческое начало. Заинтересовать, привлечь к активному участию, помочь найти себя, найти товарищей - такие рефлексы вызывает у них существование людей, отдыхающих пассивно. Каждый из нас стоит на двух ногах. Это труд и досуг. Кто мы? Рабочие, инженеры, студенты, учителя... И в то же время шахматисты и любители бега, кактусоводы и филателисты. Такая характеристика по отдыху, согласитесь, звучит не менее достойно. Как и в труде, человек в досуге проявляет себя как личность.

A.   Ответьте на вопросы:

1.   Где обычно встречаются люди в Воронеже?
2.   О ком идёт речь в начале статьи?
3.   Что мы узнаём о них?
4.   Какими видами спорта они любят заниматься в свободное время?
5.   Какие у них времяпрепровождения кроме спорта?
6.   Как вы понимаете фразу «среднестатистический человек»? Объясните по-русски своими собственными словами.
7.   Кто такой «среднестатистический воронежец»? Какие у него интересы?
8.   Почему трудно определить «отдых»?
9.   Пока влюблённые бродят по улицам Воронежа, чем занимаются другие?
10.   Почему досуг проблема не только психологическая, но и педагогическая?
11.   Какое основное убеждение у стратегов досуга?
12.   Что они хотят делать, когда встречают людей, отдыхающих пассивно?
13.   Какие характеристики можно давать человеку?

Б.   Диалог.   Андрей звонит Наташе, приглашает её в театр на пьесу Маяковского «КЛОП».   Вы — Андрей;   сочините его вопросы, ответы,   обращая внимание, конечно, на то, что говорит Наташа.

Наташа	Алло. Это кто?
Андрей	
Наташа	Сегодня вечером? Слушай, Андрей, я очень занята.
Андрей	
Наташа	Да, да, знаю, что трудно достать такие билеты.
Андрей	
Наташа	Дело в том, что завтра мы с Серёжей поедем за город.
Андрей	
Наташа	Ведь я не вижу, почему мне надо было поговорить об этом с тобой!
Андрей	
Наташа	Ну хорошо, если ты хочешь поехать в театр с Ниной, мне всё равно.
Андрей	
Наташа	Ладно. Давай встретимся поговорить обо всём этом. Когда и где?
Андрей	
Наташа	А я могу только попозже.
Андрей	
Наташа	Хорошо. Скажем в восемь часов у входа в кафе.
Андрей	
Наташа	До скорого.

В.

a) *Прослушайте следующее интервью; на вопросы журналиста отвечает народный депутат Борис Рогатин. Вы прослушаете интервью два раза. Затем напишите ваши ответы на вопросы.*

1. When was the new Sports Board formed?
2. What is one of the most important activities of this Board?
3. What plans are there to increase the number of clubs?
4. Which two sports are named as being suitable for adults?
5. What is the main aim of the clubs?
6. How much does it cost to run a junior club?
7. What kind of sports provision is made when new housing is built?
8. In what way must society's attitude to sport change?

б) Прослушайте следующее сообщение о мотоциклетных соревнованиях. Затем прочитайте вопросы и напишите ваши ответы. Вы прослушаете отрывок два раза.

1. When did motorbike competitions first take place in Russia?
2. Which other vehicles used to take part?
3. What was their average speed?
4. Name two features which attract people to riding motorbikes.
5. What is riding a motorbike compared to?

Г.   Опрос!

1. В том, что касается досуга, кто такой «среднестатистический» человек в вашей группе? Задайте вопросы всем членам группы о том, что они любят делать в свободное время. Надо узнать их мнения о спорте, культуре, и т.д. Потом, напишите короткое описание «среднестатистического члена группы» (не больше 75 слов), и после этого, сравните своё описание с остальными в группе. Сходятся ли они?

2. Напишите письмо русскому другу по переписке (150 слов). Подробно опишите ему свои времяпрепровождения.

3. Вы уже сделали характеристику «среднестатистического члена» вашей группы. Как вы думаете, чем отличается эта характеристика от характеристики «среднестатистического» англичанина? (не больше 150 слов)

Текст 3:   КАК УБИТЬ ВРЕМЯ?

Ныне, когда наш рабочий день строго нормирован, когда на каждом шагу натыкаешься на всевозможные удобства и бытовые службы, когда под рукой телефон, перед глазами телевизор, за окном троллейбус, когда всё окружающее вроде бы только и призвано экономить наше время, его не хватает, как никогда прежде. Порой даже кажется, что наше главное занятие – постоянно испытывать дефицит времени. Нехватка его должна свидетельствовать, что ты работаешь бесконечно много, бесконечно плодотворно ...

Честно говоря, я уже не припомню, когда видела человека, который бы вот так прямо заявил: «У меня есть время». Где там! Если хочешь отделаться от знакомца, скажи только: «Знаешь, у меня сейчас полно свободного времени» – и он тут же, взглянув на часы, скажет, что спешит на... на... на... и стремительно умчится прочь.

Все жалуются на отсутствие времени, однако выпадет свободный часок – и не знаешь, как его скоротать, пережить, или даже убить. «Вчера вечером я просто не знал, как убить время», сколько раз доводилось слышать подобные примечания!

- Скажи, как ты проводишь время? - спросила я как-то у Серёжи, друга юности.
- Я? Провожу? - обиделся он. - У меня нет времени проводить время!
- Наверно, как прежде, много читаешь, посещаешь все спектакли, выставки?
- Читаешь! Посещаешь! Валя, ты что, издеваешься? Откуда у меня время читать и посещать, если даже погулять перед сном некогда!
- Так для чего же у тебя вообще есть время? - удивилась я.
- Ни для чего!

А.   Ответьте на вопросы:

1.   Why might it be thought surprising that people always appear short of time nowadays?
2.   What does our main activity sometimes seem to be?
3.   What does a lack of time apparently show?
4.   How is it possible to frighten an acquaintance away?
5.   What do we know about the lifestyle of Valya's friend?

Б.   Разберитесь! Прочитайте следующие определения и перепишите слова/ выражения в правильном виде:

1.	еынн	=	в наши дни
2.	дроп кокйу	=	очень близко, так, что удобно воспользоваться
3.	дрежпе	=	раньше этого времени
4.	фицетид	=	недостаток чего-нибудь
5.	витустеост	=	положение, когда кого/чего-нибудь нет
6.	бындйвоос	=	никем или ничем не занятый
7.	донбопый	=	похожий на кого/что-нибудь
8.	клеткаспь	=	театральное представление
9.	щастеопь	=	приходить к кому/чему-нибудь
10.	осн	=	состояние отдыха, покоя, когда спишь

В.   Выберите себе партнёра и узнайте:

1.   Сколько часов в день партнёр проводит в школе/на работе.
2.   Сколько времени в день партнёр занимается домашним хозяйством.
3.   Сколько часов в неделю партнёр занимается чтением.
4.   Есть ли у партнёра время смотреть телевизор.
5.   Посещает ли партнёр театр, кино, выставки, дискотеку.
6.   Занимается ли партнёр спортом или музыкой.
7.   Кажется ли партнёру, что надо «убить свободное время».

Г.   Валя очень беспокоится о Серёже. Она пишет ему письмо, в котором она рекомендует ему – ради здоровья – отдых и разные времяпрепровождения. Вот начало этого письма. Допишите его! (120-130 слов)

г. Пермь

12-ое марта 90г.

Дорогой Серёжа!

Как хорошо было ещё раз повидаться с тобой! Серёжа, я немножко беспокоюсь о тебе – ведь ты вчера не совсем здоровым выглядел...

Д.   Переведите на русский язык:

Serezha is always busy. He used to read a lot and often went to the theatre or cinema, but nowadays he seems to spend hours at the office and he's always tired. Yesterday evening he sat down to watch the television and fell asleep in the chair! He hasn't even got time to go for a walk, but he used to really like sport, especially swimming. When I met him yesterday he took offence when I asked how he spent his time.

Текст 4:   «ПИНК ФЛОЙД В МОСКВЕ»

Невероятно, но факт! Британская группа «Пинк Флойд», занимающая по иерархии в классической рок-музыке второе после «Битлз» место, в начале июня прошлого года гастролировала в Москве.

Если быть очень точными, это был не первый визит «Пинк Флойд» в СССР. Зимой 88-го солист и гитарист группы Дэвид Гилмор и клавишник Ричард Райт на космодроме Байконур сделали цифровую запись старта ракеты, имея намерение использовать её в своих будущих композициях. А в интервью они высказали мысль о возможных концертах в СССР. Тогда никто в это не поверил.

Этого просто быть не могло. Ведь во время застоя группа «Пинк Флойд» считалась «врагом социализма» и все её пластинки были занесены в «чёрные списки», то есть запрещены к ввозу и распространению в СССР. И уж, конечно, единственная в стране фирма звукозаписи «Мелодия» не выпускала дисков группы.

Но несмотря на всё это, группа была отлично известна и очень популярна в Советском Союзе, а её творчество являлось школой для нескольких советских рок-музыкантов.

И вот совершилось то, о чём многие годы мечтали все поклонники рок-музыки в СССР. Все билеты на их концерты были раскуплены мгновенно, и рекламы практически не потребовались. Сто восемьдесят тысяч поклонников рока в возрасте от 15 до 50, москвичи и жители других городов страны, увидели грандиозное шоу. «Пинк Флойд» показал в Москве программу, абсолютно аналогичную той, что группа делает в других странах. Умное, тонкое, высоко-профессиональное творчество, грамотная и чёткая работа технического персонала, с умением и вкусом выстроенная программа – вот что показала нам британская группа.

Советские поклонники рока долгое время находились, мягко говоря, в странном положении. Рок-музыка официально как бы не существовала. Мы не видели и уже никогда не увидим «Битлз», Элвиса Пресли, «Лед Зеппелин» и многих других. Правда, в последнее время телевидение стало радовать нас показами всемирно известных, действительно классных рок-музыкантов. Может быть, мы, хоть с опозданием, сумеем как-то наверстать упущенное. Концерты «Пинк Флойд» в Москве – первый шаг на этом пути.

А.   Ответьте на вопросы:

1.   Что такое «рок-группа»?

2.   Почему Дэвид Гилмор и Ричард Райт сделали запись старта ракеты?

3.   Почему удивительно, что группа «Пинк Флойд» была известна в СССР во время застоя?

4.   Как мы знаем, что концерты «Пинк Флойд» в Москве пользовались популярностью?

5.   Объясните, что такое «классный» рок-музыкант.

Б.   Выберите себе партнёра и разыграйте по ролям:

Русский друг по переписке

1.   Ask if your penfriend likes rock music.

2.   Say that Pink Floyd is a very popular group in the USSR.

3.   Say that unfortunately you haven't, but that you were

Английский друг по переписке

1.   Say that you do and name your favourite group.

2.   Ask if your penfriend has any of their records.

3.   Ask if your penfriend enjoyed the concert.

at one of their concerts in
Moscow recently.

4. Say that it was a really first-
rate concert.

4. Say that you quite often watch
rock-music programmes on
television.

5. Say that recently Soviet
television has started to
show programmes of famous
rock-musicians.

5. Give your penfriend the record
of rock-music you have brought
with you as a present for her/
him.

В. Прослушайте следующий отрывок из текста и напишите пропущенные слова:

Все билеты _____ их концерты были раскуплены мгновенно, и
_____ практически не требовались. Сто восемьдесят тысяч _____
рока в возрасте от _____ до _____, москвичи и жители _____
городов страны, _____ грандиозное шоу. «Пинк Флойд» _____
в Москве программу, _____ аналогичную той, что _____
делает в других странах.

Г. Сделайте опрос! Узнайте мнение членов вашей группы о

а) рок-музыке   б) классической музыке

Следующие слова и фразы вам помогут:

мне кажется   слушать
я думаю   играть на (+ prep.)
по-моему   кассета
очень скучно   компактный/лазерный диск
очень интересная музыка   пластинка
очень красивая музыка   барабан
ужасный шум   гитара
я (очень) люблю   орган
больше всего я люблю   саксофон
дома
на концерте
один/одна
с друзьями

Теперь напишите отчёт об их мнениях и о своём! (100-120 слов)

Д.   Переведите на английский язык:

«Советские поклонники рока ... первый шаг на этом пути»

Е.   Прочитайте и обсудите!

Не существует универсального рецепта, как разумно провести свободное время: важное и разумное для одного может быть опасно для другого. Но есть принципы, общие для всех: вместо физической бездеятельности – движение, вместо нервно-психического напряжения – успокоение, вместо душной, грязной атмосферы городов – прохладный, чистый с ароматами цветов и трав воздух полей и лесов.

Возьмите за правило: воскресенье – день полного отдыха. Постарайтесь забыть о делах, пусть исчезнут озабоченность и беспокойство. Пусть чаще появляется улыбка – спутник радости и хорошего настроения.

Отправляйтесь за город – в туристический поход, на садовый участок, за грибами. Зимой – кататься на лыжах.

А как провести отпуск? Лучше всего поменять обстановку, чтобы отвлечься от повседневных забот и обязанностей.

Больше двигаться. Эффект – улучшение здоровья. Врачи рекомендуют плавание – до двух часов в день, спортивные игры – волейбол, баскетбол, бадминтон. Полезен медленный бег: начинайте с 15 минут и к концу отпуска доводите время до 30 минут.

Дни, проведённые в сонной дремоте на пляже, за домино или преферансом, с сигаретой в зубах, мало чем помогут улучшению вашего самочувствия. Зато двух недель активного отпуска практически достаточно для полного восстановления сил после трудового года.

Вопросы к разговору:

1.   Почему атмосфера городов бывает неприятной?
2.   Какие занятия автор текста рекомендует на воскресенье?
3.   Вы считаете, что лучше проводить отпуск дома или далеко от дома?
4.   Почему нельзя сидеть весь день на пляже с сигаретой в зубах?
5.   Чем вы занимаетесь в свободное время?
6.   Как вы предпочитаете проводить отпуск?

Chapter 2
НАША ПЛАНЕТА

Часть первая: ТЕОРИЯ

ПОСМОТРИМ – ЭТО ЗАВИСИТ ОТ ТОГО, ЧТО БУДЕТ ЗАВТРА!

Дело в том, что Петя очень рассеянный мальчик – всё время он опаздывает на занятия, забывает свои книги, редко обращает внимание на то, что говорит его мама. Вот почему – как увидите – мама не хочет сразу положительно ответить на просьбу сына ...

- Мама, завтра я хочу зайти ...
- Ну, посмотрим. Если сегодня ты пятёрку получишь ...
- А ты пока не знаешь, куда я хочу ...
- Конечно, если ты ещё раз забудешь твои книги ...
- А ведь я ещё не сказал ...
- Ну, если ты вовремя вернёшься из школы...
- Но скажи, мамочка, если я и получу пятёрку, если ничего не забуду, вовремя вернусь, ты всё-таки разрешишь мне з..
- Нет, сынок мой – завтра к нам приедут гости. Ты должен будешь помогать мне.
- Мама, слушай ...
- Нет, Петя. Завтра у меня будет масса дел и мне очень нужна будет твоя помощь ... И не плачь, ради бога, ты ведь совсем уж большой мальчик!
- Плакать я не буду, мама, если только ты будешь слушать меня.
- Ладно.
- Я ведь не забыл, что у нас завтра будут гости. Вот почему я хотел сказать, что завтра я зайду в гастроном за закусками... Видишь, я хочу тебе помогать ... Значит, ты не рассердишься на меня, если я сегодня тройку получу?..

THE FUTURE TENSE

This tense finds its most obvious use in describing actions that will take place in the future. The main question to be asked when using the FUTURE TENSE is the same one faced when describing past actions - that is, which aspect of the verb do we need to choose?

The criteria by which we decide about the future are exactly the same as those governing our choice of aspects in the past. So, if the action we are describing is repeated, incomplete or continuing we select the *IMPERFECTIVE* aspect. If our action is single or completed we opt for the *PERFECTIVE* aspect.

Having decided which aspect we require, how do we proceed to form the *IMPERFECTIVE* or the *PERFECTIVE* future tense?

491
.7

IMPERFECTIVE FUTURE

This form of the verb is constructed by using:

я буду }
ты будешь }
он будет } *PLUS*
мы будем } *IMPERFECTIVE*
они будут } *INFINITIVE*
они будут }

В следующем году я буду делать домашнее задание каждый день.
Next year I'll do my homework every day.

Я никогда не буду пить больше!
I'm never going to drink again!

PERFECTIVE FUTURE

This form of the verb is constructed by using:

What appears to be the *PRESENT TENSE OF THE PERFECTIVE VERB*:

Завтра вечером я сделаю всё домашнее задание.
I'll do all my homework tomorrow evening.

Следующий раз я выпью весь стакан.
Next time I'll drink the whole glassful.

Some common irregular verbs:

дать — дам, дашь, даст, дадим, дадите, дадут
лечь — лягу, ляжешь ... лягут
сесть — сяду, сядешь ... сядут
смочь — смогу, сможешь ... смогут

'HIDDEN FUTURES'

The *FUTURE TENSE* is normally easy to spot, with words other than the verb often providing extra unmissable clues: <u>Tomorrow</u> *I will go out./He will know <u>in the future</u>.*

However, there are sometimes less straightforward occasions when a future meaning is implied and Russian requires the *FUTURE TENSE* but English does not: *When I leave school, I will go to university* really means *When I <u>will</u> leave school...*

The 'HIDDEN FUTURE' particularly affects sentences including **when, if** and sometimes **while**. Note these examples:

Когда мне будет восемнадцать лет, я начну учиться водить машину.
When I'm (*will be*) eighteen, I'll start to learn to drive a car.

Если ты не позвонишь мне, я поеду одна.
If you don't (*will not*) ring me, I'll go on my own.

Пока ты будешь в магазине, я куплю мороженое в киоске.
While you are (*will be*) in the shop, I'll buy some ice-cream at the kiosk.

УПРАЖНЕНИЯ

a) В тексте «*Посмотрим...*», который вы только что прочитали, есть 20 глаголов в будущем времени. Вот несовершенный вид каждого из этих глаголов. Запишите совершенный вид и будущее время каждого глагола, посмотрите на образец):

Образец:

видеть   увидеть   –   увижу, увидишь ...увидят

1. заходить
2. смотреть
3. получать
4. быть
5. забывать
6. возвращаться
7. приезжать
8. сердиться

б) Отметьте правильный вид глагола :

1. На следующей неделе я <u>буду</u> <u>покупать</u> / <u>куплю</u> газету каждый день.
2. Когда она будет в Москве, она <u>будет</u> <u>смотреть</u> / <u>посмотрит</u> свою любимую пьесу Чехова, *Три сестры*, в Большом театре.
3. Папа сказал, что мы <u>будем</u> <u>ехать</u> / <u>поедем</u>, как только мы <u>будем</u> <u>получать</u> / <u>получим</u> билеты.
4. В будущем году, в университете, мой брат <u>будет</u> <u>ходить</u> / <u>пойдёт</u> на шесть лекций в неделю.
5. Осторожно, а то ты <u>будешь</u> <u>терять</u>/<u>потеряешь</u> свою ручку!
6. Эта новая организация <u>будет</u> <u>заниматься</u> / <u>займётся</u> экологией сельской местности в течение многих лет.
7. Мама <u>будет</u> <u>кончать</u> / <u>кончит</u> читать свою книгу в понедельник и <u>будет</u> <u>относить</u>/<u>отнесёт</u> её в библиотеку, чтобы не получить штраф!
8. Когда моему брату будет четыре года, он <u>будет</u> <u>поступать</u> / <u>поступит</u> в местную школу, где я раньше училась.
9. Пока вы будете на экскурсии, мы <u>будем</u> <u>находить</u> / <u>найдём</u> ключи от вашего номера.
10. Если ты <u>будешь</u> <u>есть</u> / <u>съешь</u> весь обед, я <u>буду</u> <u>давать</u> / <u>дам</u> тебе конфету.

в) Вставьте нужные глаголы в будущем времени:

1. Звонил Николай. Он сказал, что он _____(pop in) сегодня вечером около девяти часов.

2. Если наши гости не _____(arrive), мама очень _____(get angry).

3. Он _____(come) домой и _____(forget) все свои тетради и учебники.

4. Идите на вокзал, там вам _____(tell).

5. Они окончательно _____(decide) в начале апреля.

6. Каждый год мы _____ (buy) разные цветы для нашего сада.

7. Он надеется, что родители _____(allow) ему поехать во Францию.

8. Когда я буду учиться в СССР, я _____(read) по крайней мере одну русскую газету в день.

9. Если ты _____(get angry) на него, он _____(cry).

10. Не беспокойтесь! Я _____(return) к десяти часам.

Часть вторая: ПРАКТИКА

Текст 1: ЦЕНА РИСОВОЙ КАШИ

Наш Красноармейский район — крупнейший в стране по рисовым посевам. Ежегодно на рисовые поля выливается и высыпается огромное количество высокотоксичных ядохимикатов, от которых страдает всё население района.

Местная газета уже поднимала эту проблему, приводя цифры, от которых волосы встают дыбом. Судите сами: за последние пять лет общая заболеваемость в районе выросла на 27 процентов, заболеваемость раком лёгких — в полтора раза, желудка — в одну целую, три десятых раза ...

У нас, жителей Красноармейского района, ощущение такое, что нам объявили химическую войну и никак не хотят её остановить. А ведь так хочется помереть от старости, а не от влияния отравы! Простой пример из личной жизни. Мой сын, участник войны в Афганистане, решил поступить учиться в военное училище, а внука на период учёбы оставить у меня. В первую же ночь у мальчика началась рвота и температура поднялась до тридцати восьми с половиной градусов. Врач посоветовал срочно его увезти из нашего района, что мы и сделали.

А.

а) Ответьте на вопросы:

1. What is the major crop of the Krasnoarmeiskii region?
2. What is the effect of the use of chemicals on the local population?
3. What example does the writer of the letter introduce to prove his point?

б) Найдите в тексте слова, которые подходят следующим определениям:

1. Местность, выделяющаяся по каким-то признакам, особенностям. (абз.1)
2. Жители какого-нибудь района. (абз.1)

3. Количество случаев болезни. (абз.2)
4. Ядовитое вещество. (абз.3)
5. Не взять с собой кого/что-нибудь. (абз.3)
6. Дать кому-нибудь указание, как поступить. (абз.3)

в) Правда или неправда?

1. В Красноармейском районе выращивают много риса.
2. Сохранение окружающей среды не интересует местную прессу.
3. Жители этого района уверены, что местные власти волнуются об их здоровье.
4. Положение в этом районе особенно опасно для детей.

Б. Выберите себе партнёра и разыграйте по ролям:

А. *Журналист*	Б. *Житель Красноармейского района*
1. Ask what job Б. does.	1. Say that you work in the rice fields.
2. Ask if Б. likes this job.	2. Say that you do and that you're proud of your work.
3. Ask if Б. thinks that too many poisonous chemicals are used in the rice fields.	3. Say that you need to use chemicals to get enormous quantities of rice.
4. Ask if Б. knows that illness is increasing in the region.	4. Say yes and that you think perhaps it's from the effect of chemicals.
5. Ask if Б. has any examples of the effect of chemicals on health.	5. Say that you have an example from your personal life - your grandson is ill at the moment.

В. Прослушайте следующее интервью; на вопросы журналиста отвечает моряк, Анатолий Владимирович Симоненко. Вы прослушаете интервью два раза. Затем напишите ваши ответы на вопросы.

1. Why does Simonenko claim he is qualified to compare Odessa to other ports?
2. Give two reasons why Simonenko is worried about the ports he has seen.
3. What is his dream for Odessa?
4. Why have the komsomols decided to act?

5. To whom have they appealed?
6. What examples does Simonenko give of the komsomols' 'concrete aims'?

Г.   Сделайте опрос! Узнайте мнение вашей группы о следующих вопросах:

а)   влияние машин на окружающую среду
б)   химикаты и продукты питания

Следующие картинки и слова вам помогут:

архитектура
болезнь
враг
выхлопные газы
желудок
загрязнение воздуха
загрязнение почвы
опасность
стоимость бензина

грязный
невидимый
опасный
скрытый
шумный

наносить/нанести вред
отравлять/отравить
портить/испортить
причинять/причинить

Теперь напишите отчёт об их мнении и о своём! (150 слов)

Д.   Переведите на русский язык:

When you read the figures about poisonous chemicals your hair will stand on end. Evidently diseases such as lung cancer will increase by

1½ percent over the next five years. Highly toxic chemicals have poisoned the soil and so it is quite dangerous for us to live in this region. The doctor has advised us to move to Odessa and we will do this. We will live in Odessa for at least six months.

Текст 2: ЗДОРОВЬЕ ПЛАНЕТЫ

КУДА ИСЧЕЗАЕТ ОЗОН?

С приходом осени в Северное полушарие на страницах газет вновь появлялись сообщения об озоновой дыре над Антарктикой. Именно в эти месяцы, когда в южных широтах царствует недолгая весна, обычно наблюдается истощение защитного озонового пояса планеты. Содержание озона на высоте 15–25 километров сводится практически к нулю. С началом антарктической весны прекращается приток озона с экватора.

К нашему счастью в Северном полушарии, хотя общее сокращение количества озона над нашими широтами и регистрируется, оно всё же не внушает опасений – всего же несколько процентов. Но развитие этого процесса необходимо самым тщательным образом изучать и сделать всё возможное для сокращения выбросов, разрушающих озон веществ. Необходимо, например, уменьшить сжигание угля и нефти, производство аэрозолей и пластмассовых вещей.

УНИЧТОЖАЮТ РАДИОАКТИВНУЮ ВОДУ

На американской атомной электростанции «Тримайл-Айленд» началась широкомасштабная программа уничтожения около 10 миллионов литров воды, подвергшейся радиоактивному заражению в результате аварии, которая произошла здесь 28 марта 1979 года. В тот день вышла из строя система водяного охлаждения второго реактора АЭС, что привело к выбросу в атмосферу радиоактивных газов. Авария на «Тримайл-Айленд» считается крупнейшей в истории атомной энергии США.

Миллионы литров радиоактивной воды все эти годы хранились в специальных контейнерах. В феврале нынешнего года комиссия по ядерному урегулированию одобрила программу уничтожения этих опасных «запасов» путём выпаривания.

А. Вы хорошо поняли текст? Выберите себе партнёра и разыграйте по ролям:

А.

1. Ask what kind of articles appeared in newspapers in the autumn.

2. Ask what happens above the Antarctic in the autumn months.

3. Ask if we should worry about this in the Northern hemisphere.

4. Ask what can be done to halt the destruction of the ozone layer.

5. Ask if nuclear power stations are dangerous.

6. Ask why the 10 million litres of water at the Three-Mile Island station are still dangerous.

7. Ask if the water can be destroyed.

Б.

1. Say there were a lot of articles about the hole in the ozone layer.

2. Say the protective ozone layer begins to disappear.

3. Say the situation is not so serious for us, but the process must be studied with care.

4. Say it is essential to reduce the quantity of coal and oil we use.

5. Say they are dangerous when accidents happen.

6. Say it's because of contamination by radiation.

7. Say this is a difficult job which will take two years.

Б. Разберитесь! Прочитайте следующие определения и перепишите слова в правильном виде:

1. несав   = время года, следующее за зимой
2. ениаржеодс = то, что составляет сущность чего-нибудь
3. вотесчкиол = число
4. робывсы   = то, что выброшено
5. жотеиненучи = ликвидация
6. трил   = 1000 кубических сантиметров
7. рявааи   = повреждение какого-нибудь механизма
8. местиса   = форма организации чего-нибудь
9. апазс   = то, что собрано для чего-нибудь

В. Переведите на английский язык:

«В тот день ... путём выпаривания»

Г. Прослушайте следующие сообщения и напишите ваши ответы на вопросы по-английски. Вы прослушаете каждое сообщение два раза.

1a. What restriction comes into force in Moscow on February 1st?
 b. Why has this decision been taken?
 c. What might the consequences be?
2a. How much tropical forest disappears annually?
 b. What is this area equal to?
 c. Why are forests so important to the world?
3a. What was the icebreaker "Moscow" doing when it had to change course?
 b. Why did it have to change course?
 c. How long would the detour take?
4a. What unenviable distinction does the Mediterranean Sea have?
 b. What three types of pollutant are mentioned?
 c. What prediction is made about the future of the sea?
5a. What has "Angara" just done?
 b. How long is the programme due to last and how much will it cost?
 c. Why has the money received by the project this year not been wasted?

Д. Посмотрите на картинку и обсудите её с членами группы:

а) Что такое «испытание»?
б) Какие самые опасные промышленности?
в) Какое влияние имеет радиация на нас и на последующие поколения?
г) Как загрязнение влияет на природу?
д) Как можно уменьшить загрязнение?

Эта причёска, земля моя дорогая, право же,
делает вас малопривлекательной!

E. Напишите сочинение (150-200 слов) на следующую тему:

Влияние промышленности на окружающую среду

Текст 3: ОСТАНОВИТЬ ПУСТЫНИ

«Разрушается не просто окружающая среда, а сама жизнь», - сказала в своём выступлении на форуме, касаясь проблемы обезлесения и опустынивания, министр природных ресурсов и туризма Зимбабве В.Ф.Читепо. Серьёзную тревогу по этому поводу выразили и многие другие участники московского форума. Их опасения подтверждаются специалистами, работающими в рамках Программы ООН по окружающей среде (ЮНЕП). Выводы учёных сводятся к следующему:

Сегодня опустыниванием охвачена территория, равная по площади Северной и Южной Америке. Ежегодно около шести миллионов гектаров плодородной земли подвергается полному опустыниванию, а ещё 21 миллион гектаров деградирует в такой степени, что растениеводство на них становится экономически невыгодным.

Типичными причинами опустынивания являются перевыпас, обезлесение, распространение интенсивного производства товарных культур на землях, более пригодных для выпаса скота.

Около ¾ земель в засушливых районах уже в той или иной степени подверглись опустыниванию. Трагедия опустынивания заключается, в частности, в том, что оно затрагивает главным образом тех, кто меньше всего может ему противостоять, - людей, живущих в развивающихся странах с низкими доходами.

Основным способом противостоять опустыниванию является совершенствование землепользования: прекращение эксплуатации земли для нужд животноводства и растениеводства, закрепление песчаных дюн, устройство ветроломных и полезащитных полос, восстановление лесов и совершенствование способов охраны почв и водных ресурсов.

A. Ответьте на вопросы:

1. Объясните слово «обезлесение».
2. Как относятся специалисты к обезлесению и опустыниванию?
3. Объясните выражение «экономически невыгодно».
4. Что ведёт к опустыниванию?
5. Что такое «засушливый район»?
6. Кто больше страдает в результате опустынивания?
7. Какие ресурсы надо сохранить?

Б. Телефонный разговор. Выберите себе партнёра и разыграйте по ролям:

Саша	*Света*
1. Say hello. Ask to speak to Sveta.	1. Say it's Sveta speaking and ask who it is.
2. Say it's Sasha and ask if she has any plans for Sunday.	2. Say yes, you're going to a meeting.
3. Say that's a shame, you're arranging a picnic by the river and would like her to come too.	3. Say sorry, but it's a very important meeting about conservation.
4. Say she's much too serious! Wouldn't she like to relax by the river with her friends?	4. Say conservation is a serious matter and that soon the river will be a dangerous place.
5. Say that's silly. The river is a beautiful place.	5. Say the river is full of chemical waste and that at the meeting they'll discuss how to clear it up.
6. Say the meeting will be boring.	6. Say no, it won't, it'll be interesting and invite him to come too.
7. Say no thank you very much and good-bye.	7. Say it's a shame he's not concerned about the environ-ment and good-bye.

В. Прослушайте интервью: наш корреспондент местного радио задаёт вопросы группе прохожих. Он интересуется их мнениями о загрязнении окружающей среды. Вы прослушаете интервью два раза. Затем напишите ваши ответы на следующие вопросы:

1. Give <u>five</u> ways in which motor vehicles are detrimental to the environment.
2. What sort of pollution is caused by industry and which areas are particularly at fault?
3. Why is it important to look after rivers and seas?
4. Why is it important for countries to act together to combat pollution?
5. What should we be concerned about?

Г. Вы только что прочитали в газете письмо, в котором писатель утверждает, что сохранение окружающей среды очень модное понятие, но не очень важное. Что важно? - это, конечно, прибыль, вот почему надо как можно больше развить промышленность и пользоваться современной наукой. Найдите партнёра и обсудите:

а) наносит ли промышленность вред окружающей среде или нет.
б) почему надо/не надо заботиться об окружающей среде.

Теперь напишите ваш ответ в редакцию газеты! (100 слов)

Д. Переведите на русский язык:

Some scientists think that the rivers and seas of our planet will 'die' in the future and that we all need to concern ourselves with this. The Minister for Natural Resources and Tourism will be speaking on this topic next week. It is already clear that many people in developing countries will suffer in the future because of deforestation and we must do everything possible to reduce this suffering.

Текст 4: ЧТОБЫ ВЕРНУЛИСЬ ПТИЦЫ

Едем в Ипсуич, Восточную Англию, очень богатый район, который в значительной степени обеспечивает страну сельскохозяйственной продукцией, прежде всего зерном. Здесь яркая, удивительная зелень - всё так чисто, и невольно приходит мысль : ну конечно, с их-то климатом, их почвами и традицией хозяйствования на земле это, в общем-то легко...

Природа здесь сохранилась хорошо, но всё равно существует много проблем. Луга зелёные, но исчезли много видов полевых цветов, пропали птицы, нет фактически вязов. Какая-то злая болезнь унесла их в 50-х годах. Сказались, может быть, и результаты химизации - без неё нельзя, кажется, но будет расплата за злоупотребление.

В Восточной Англии, а ещё конкретнее, в Фрамлингеме, была основана любопытная организация под названием «Группа охраны природы сельской местности. Объединённые фермеры Фрамлингема». Ещё в 1978 году они решили нанять своего собственного консультанта не только по чисто агрономическим вопросам, но и по вопросам экологии.

Дело не в том, что эта проблема выглядит острее, чем в других местах. Просто, может быть, они задумались над ней раньше других. Тревога на страницах печати о сохранении окружающей среды тоже повлияла. Сначала взяли на работу одного эксперта - теперь их пять, целая группа, но фермеры имеют возможность контролировать их деятельность. В феврале 1987 года получили медаль от Британского фонда защиты окружающей среды.

Хотя всё время идёт развитие агрономической науки, хотя в Великобритании появляются новые виды более надёжных пестицидов и гербицидов, тем не менее всё чаще говорят о возвращении к традиционным видам удобрений.

Предмет особой гордости — экспериментальные лесные посадки. Это, наверно, особенно привлекательно для фермеров, которые хотят уменьшить посевные площади. Древесина всегда нужна, а здесь стараются заглянуть и в завтрашний день. Хотят высаживать до 50 тысяч деревьев и кустов в год. Многим в Восточной Англии эта перспектива кажется интересной. Основная цель, если её сформулировать коротко, в следующем : сохранять природу на основе разумного, эффективного пользования землёй. И не только сохранять её, но и улучшать. Будущее должно быть мирным и во всех отношениях более здоровым и прекрасным.

А.   Ответьте на вопросы:

1. Почему Восточная Англия считается важным районом?
2. Как выглядит этот район?
3. Какие существуют проблемы в этом районе?
4. Чем началась деятельность объединённых фермеров?
5. О чём говорят всё чаще фермеры в Англии?
6. Почему перспектива новых лесов интересует фермеров?
7. Какая основная цель у фермеров Восточной Англии?

Б.   Найдите в тексте слова, которые подходят следующим определениям:

1. Расстройство здоровья, нарушение правильной деятельности организма. (абз. 1)
2. Вредное или незаконное использование чего-то. (абз.2)
3. Подействовать на кого/чего-нибудь. (абз.4)
4. Основанный на старых обычаях. (абз.5)
5. Беречь, не давать кому/чему-нибудь пропасть, погибнуть или потерпеть ущерб. (абз. 6)

В.   Вы — журналист. Вы интересуетесь проблемами экологии. Вы только что были в гостях у председателя «Группы охраны природы» в Фрамлингеме. Напишите ему письмо (100 слов) , благодаря его за гостеприимство и объясняя,   почему вы считаете своё пребывание в Фрамлингеме таким интересным.

Г. Прослушайте интервью между ведущим советским химиком и
корреспондентом. Вы прослушаете интервью два раза. Затем
ответьте на следующие вопросы:

а) Правда или неправда?

1. Chemistry has had only beneficial results for mankind.
2. Chemistry plays an important and varied role in the modern world.
3. Misuse of chemicals has caused problems on a national scale.
4. Unfortunately, sufficient research of the side effects of new
    chemicals does not always take place in advance of their widespread
    use.
5. The elimination of harmful industrial by-products is not a
    technological impossibility.
6. Plans for the elimination of harmful waste products are always
    given priority.
7. The side-effects of chemical production are now beginning to affect
    the whole community.
8. Local authorities are right to take a selfish view and insist that
    chemical works are built elsewhere.

б) Прослушайте следующий отрывок и запишите пропущенные слова:

Символ _____ - чаша с змеёй. _____, что змея _____
ужалить, а может дать _____ _____. Химия также
выступает в _____ роли. Чтобы она _____ _____ жалящей «змеёй»,
надо сейчас _____ традиционные подходы и _____ все
усилия на создание _____ и _____ химии. _____ _____
нет!

в) Переведите на русский язык:

1. It is not possible to halt the development of civilisation.
2. To use the new achievements of chemistry.
3. The threat to the ozone layer.
4. Nature can no longer cope with waste products.
5. It is a matter of priorities.
6. People have become more demanding about the conditions of their life.
7. The role of public opinion is very important.
8. Safe production must be organised - that is our basic aim.

г) Прочитайте транскрипт интервью и перескажите его содержание по-русски:

1. Главные вопросы журналиста (60 слов).
2. Суть аргументов химика (70 слов).

Д.   Напишите сочинение на следующую тему:

Будущее планеты   (200-250 слов)

Е.   Прочитайте и обсудите!

Тайна озера Кок-Коль, расположенного в отдалённом районе Казахстана, столь же необычна, как тайна шотландского озера Лох-Несс. Местные жители так описывают происходящие здесь события – время от времени поверхность совершенно спокойного озера подёргивается рябью, волнуется и из глубины показываются контуры какого-то странного зигзагобразного предмета, затем явственно выделяются извивы, в точности передающие под водой движения мощного змеевидного тела длиной метров пятнадцать. К тому же слышится протяжный рёв.

Учёные, занимающиеся исследованием Кок-Коля, думают, что всё это происходит при изменениях подземного и водного режимов. Происходит резкое всасывание воды из озера, а из-за присутствия в потоке воды воздуха и «рёв».

Любители таинственного и малоисследованного считают, что в Кок-Коле обитает гигантский змей. Правы ли они или учёные, покажет время.

Вопросы к разговору:

1.   С чем можно сравнить тайну озера Кок-Коля?
2.   Какое мнение советских учёных о «тайне» этого озера?
3.   А какое мнение любителей таких тайн?
4.   Вы верите, что есть какой-то змей в озере Лох-Несс? Почему/нет?
5.   Вам кажется, что стоит исследовать такие явления? Почему/нет?
6.   Что по-вашему стоит исследовать в окружающей среде?
7.   Как вы думаете – какие самые серьёзные экологические проблемы?

Chapter 3
ПРЕСТУПЛЕНИЕ

Часть первая: ТЕОРИЯ

МЕНЯ ОБВИНИЛИ ПО ОШИБКЕ

Сцена происходит в полицейском участке; говорят отец и сын.

Сын	Папа, меня обвинили по ошибке! Не кричи на меня, дай мне возможность объяснить всё!
Папа	Ладно, но я настаиваю: расскажи мне всю правду!
Сын	Хорошо. Дело в том, что мы с ребятами не хотели вернуться домой, значит мы решили зайти в бар.
Папа	Зачем?
Сын	Надо было поговорить о планах на завтра. Мы не знали, где и как провести субботу. Вдруг к нам подошёл человек. Оказалось, что последнее время он начал торговать наркотиками. Спросил нас, хотим ли мы поговорить с ним, сколько у нас денег. Мы уверяли его, что наркотиками никак не интересуемся, но всё-таки он всё убеждал нас, что надо купить, попробовать. Нам становилось очень неловко. Я с чувством отчаяния думал, как можно уйти и собирался сказать, что нам пора, когда к нам подошёл полицейский. Наш новый знакомый сразу же исчез, а полицейский арестовал нас и привёз в полицейский участок. Он сказал, что нас надо допросить. Я спросил полицейского, можно ли позвонить тебе, но он сказал, что он сам позвонит. Вот и всё ... Честное слово!

INDIRECT SPEECH

In this section we shall consider how Russian deals with INDIRECT SPEECH — that is, instead of She announced 'I am going' (DIRECT SPEECH), the reported version She announced she was going. Also, how Russian deals with INDIRECT QUESTIONS — that is, not He asked 'Are you going?', but He asked whether (if) you were going.

INDIRECT STATEMENTS

The most important thing to remember about *INDIRECT SPEECH* is that the tense in the indirect statement will be the tense in which the original statement was made. When faced with an *INDIRECT SPEECH* construction, first think what the *DIRECT SPEECH* utterance would have been. Then, to transfer to the *INDIRECT* equivalent, there may be some change of pronouns, but not of verb tenses with the English 'that' being translated by the Russian что, always preceded by a comma.

«Я иду,» сказал он.　　(*DIRECT*)
'I am going,' he said.
Он сказал, что идёт.　(*INDIRECT*)
He said he was going.

«Я иду,» скажет он.　　(*DIRECT*)
'I am going,' he will say.
Он скажет, что идёт.　(*INDIRECT*)
He will say he is going.

«Я пойду,» сказал он.　(*DIRECT*)
'I will go,' he said.
Он сказал, что пойдёт. (*INDIRECT*)
He said he would/will go.

INDIRECT QUESTIONS

To form *INDIRECT QUESTIONS* in Russian, the same rule of tense applies as in *INDIRECT SPEECH*. In addition the particle ли is required.

Since '*if*' can occur in other, *CONDITIONAL* constructions ('If you are tired, go home' – Если ты устал[а], иди домой), it is perhaps most helpful to think of an *INDIRECT QUESTION* as being introduced by '*whether*', rather than '*if*':

Она спросила, купил ли он еду.
She asked *whether* (if) he'd bought any food.

A Russian *INDIRECT QUESTION* is formed in the following way:
1) I asked/said/thought etc.
2) COMMA!
3) the most important word in the question.
4) ли
5) the rest of the question

Она спросила, купил ли папа ему книгу.
She asked whether Dad had <u>bought</u> him the book.
Она спросила, папа ли купил ему книгу.
She asked whether <u>Dad</u> had bought him the book.

The only difficulty with *INDIRECT QUESTIONS* comes in deciding which is the most important, key word in the question. For example, in 'Did Dad buy the book?', the choice of the 'most important' word depends on the intonation of the delivery of the question. In the example above, two possibilities were given, but we could also have stressed 'him' or 'book'. Russian can reflect these different intonations through its use of ли:

Она спросила, книгу ли купил ему папа.
She asked whether Dad had bought him the <u>book</u>.
Она спросила, ему ли купил папа книгу.
She asked whether Dad had bought <u>him</u> the book.

УПРАЖНЕНИЯ

а) Посмотрите внимательно на образец, потом напишите правильный вариант следующих предложений:

Образец: «Я хочу зайти в бар,» сказал он.

Он сказал, что хочет зайти в бар.

1. «Мы вернёмся домой в пятницу», объявили девушки.
2. «Идёте ли вы в театр на этой неделе?», заинтересовалась Маша.
3. «Можно позвонить в любое время», сказал ему дежурный.
4. «Ты купишь мне газету по пути домой?», лениво спросил меня папа.
5. «Елена не знает, где находится вокзал?», спросили сёстры вместе.
6. «Я хотела пойти вчера; не хочу пойти сегодня; может быть захочу завтра», крикнула она мне.

б) Вы в гостях у своего друга/своей подруги по переписке в Москве. Звонит телефон ПЯТЬ РАЗ, но вашего друга/вашей подруги нет! Прослушайте, что вам говорят и запишите то, что надо передать – чтобы не забыть!

1. Серёжа сказал, что _____.
2. Николай сказал, что _____.
3. Соня сказала, что _____.
4. Иван сказал, что _____.
5. Валя сказала, что _____.

Часть вторая : ПРАКТИКА

Текст 1: ПРИГОВОР ВЫНЕСЕН

Тёмной июньской ночью 1986 года в центре Душанбе, на улице Шараф, группа молодых подвыпивших напала на писателя Ф. Мухаммадиева. Ему были нанесены ножевые ранения, относящиеся к степени тяжёлых, опасных для жизни. Первый суд состоялся в сентябре 1986 года. Быстрый процесс осудил Азимова, Саидова и Боева соотвественно к 12, 10 и 8 годам лишения свободы.

Судили только троих из большой группы. Поиски других преступников следствие необъяснимо и непростительно прекратило. В приговоре шла речь о «неустановленных лицах», которые были в этой бандитской группе. По показаниям потерпевшего, их было более десяти.

Вскоре после суда Ф. Мухаммадиев умер. Смерть писателя всколыхнула всю республику. В июне 1987 года состоялось слушание этого дела. Оно было возвращено на дополнительное расследование. 20 января 1988 года начался новый судебный процесс. И вот последний приговор: участники нападения С. Азимов, А. Сайдов и М. Боев осуждены на 15 лет лишения свободы, 5 лет из них проведут в тюрьме, остальной срок – в ИТК строгого режима. Шестеро других приговорены к различным срокам исправительных работ и лишению свободы условно.

А. Вы хорошо поняли текст? Прочитайте следующие замечания и решите, правда ли они или нет.

1. Эта история является ещё одним доказательством того, что такие нападения на невинных жертв обычно случаются в темноте.
2. Суд по этому делу состоялся через два-три месяца после преступления.
3. Приговор был несправедлив, потому что большинство преступников ушли от ответственности.
4. Уже два года спустя решили расследовать это дело заново.
5. Последний приговор мало отличался от первого – в сущности ничего не изменилось.

Б. Найдите в тексте слова, которые соответствуют следующим определениям :

1. Человек, который не совсем пьян, но уже не совсем трезвый. (абз.1)
2. Способный причинять какой-нибудь вред, несчастье. (абз.1)
3. Приговорить к какому-нибудь наказанию. (абз.1)
4. Потеря, отнятие чего-нибудь, обычно хорошего, полезного. (абз.1)
5. Остановить, прервать, перестать делать что-нибудь. (абз.1)
6. Атака на человека, со целью ограбить или поранить. (абз.2)
7. Разнообразные, несходные, отличающиеся друг от друга. (абз.2)

В. Прослушайте следующий отрывок из последних известий и вставьте пропущенные слова:

Выстрелы в _____ Магдалена

Тринадцать _____, включая двух _____ чиновников и _____ детективов, были _____ в департаменте Магдалена в _____ километрах от _____ Колумбии Боготы. _____ они были _____ юридической _____, направлявшейся в этот _____ для расследования _____ убийств по политическим _____. Нападавшие _____ в засаде по обеим _____ дороги. Огонь вёлся из _____ оружия. Представители _____ Колумбии _____, что в стране _____ 140 полувоенных групп _____ взглядов. В прошлом _____ в результате _____ насилия погибли свыше ___ _____ колумбийцев.

Г. Разыграйте по ролям! Выберите себе партнёра и разыграйте по следующим ролям:

А.

Вас привезли в советскую больницу. Вы получили увечья, но можете разговаривать.

Ваш партнёр врач, который должен заниматься вами.

Ответьте на его/её вопросы. Придумайте сами объяснение своего состояния.

Б.

Вы работаете врачом в советской больнице.

Вашего партнёра недавно привезли в больницу. У него/неё увечья, но он/а может говорить.

Задайте вопросы, чтобы узнать, что случилось и где болит. Узнайте как можно больше подробностей.

Д. Переведите на русский язык:

1. The policeman didn't know if the youths were drunk or not.
2. The lawyer asked if the knife wounds were dangerous.
3. He said that the investigation would be hurriedly curtailed.
4. The victim insisted that there were more than ten youngsters.
5. He said that the criminals would spend 5 years in prison.

Е. Представьте себе, что сейчас 1986 и вы только что были свидетелем нападения на Мухаммадиева. Напишите подробное письмо другу/подруге в Москве об этом ужасном вечере (90-100 слов).

Текст 2: ОТЕЧЕСТВЕННАЯ «МАФИЯ»

Мафия в нашем понимании из американо-итальянской реалии превратилась в суровую реальность. Скептику, убеждённому, что пресса умышленно преувеличивает масштабы отечественной спекуляции и фарцовки, можно посоветовать подойти в вечерний час к ленинградской гостинице *Москва*. Здесь скептицизм исчезнет, как вечерний туман над Невой.

Гостиница буквально взята в кольцо сотнями валютчиков, спекулянтов. Первые настолько очевидны и откровены, что нельзя не заметить. Здесь же с неизменными сумками через плечо стоят фарцовщики. Они перехватывают иностранцев, идущих к автобусам и метро, и, обворожительно улыбаясь, демонстрируют свой нехитрый лексический минимум, полученный от разговорников и закреплённый практическими занятиями. Им нужна валюта, да вещи западного производства.

За всем этим спокойно наблюдает группа постовых милиционеров, они то и дело подходят к спекулянтам и что-то шепчут. Как показывает практика, милиционеры получают мзду от фарцовщиков, предоставляя им карт-бланш на спокойную «работу». Однако настоящие хозяева здесь не они, а рэкетиры.

Среди рэкетиров всё чаще и чаще оказываются знаменитые спортсмены. Можно сказать, что это не случайно. Сама психология нашего большого спорта, нацеленная на рекорды и медали любой ценой, как видно, способствует этому. И то, что «рабочей» одеждой рэкетиров стали спортивные костюмы, тоже своего рода психологическое оружие. Попробуйте-ка проникнуть вечером в самый захудалый ресторан в спортивных штанах. Не получится – выгонят с треском. А рэкетиры проникают, причём в роскошные, тем самым показывая потенциальным жертвам всю полноту своей власти.

А. Перескажите содержание этой статьи по-английски (90 слов).

Б. Перепишите следующие фразы, заменяя подчёркнутые слова синонимами из текста. Осторожно с грамматикой!

1. Такой вид преступления вдруг <u>стал</u> большой проблемой. (абз.1)
2. Милиционер стоял <u>как раз</u> в двух шагах от спекулянта. (абз.2)
3. <u>Явно</u>, что у него нечестные намерения. (абз. 2)
4. Преступность является <u>постоянной</u> чертой цивилизованного общества. (абз.2)
5. У него <u>простая</u> философия – он ничем не интересуется! (абз.2)
6. Постовой милиционер должен <u>следить</u> за общественным порядком. (абз.3)
7. В этой области они – <u>известные</u> эксперты. (абз.4)

8. Он готов дать <u>какое-либо</u> объяснение, чтобы уйти от ответственности. (абз.4)

9. В этом проявляется разница не физическая, а <u>умственная</u>. (абз.4)

10. Перенаселение в тюрьмах безусловно большая проблема, но строительство новых помещений одно <u>возможное</u> решение. (абз.4)

В. Прослушайте отрывок из разговора корреспондента с полицейским о настоящей итальянской мафии и ответьте на вопросы по-английски :

1. How does the policeman describe his work?

2. How does he refer to the towns of Palermo. Catania and Messina?

3. What advice does the policeman give the journalist?

4. What types of crime are officially registered?

5. How many thefts have been registered in Catania in the last year?

6. What is the success rate in solving crimes?

7. How does the policeman explain this?

8. Give details of the recent crime he describes.

9. Who is "papa"?

10. Why do you think "papa" might be implicated in this crime?

Г. Найдите партнёра и подумайте вместе : почему существует мафия? чем она занимается? как лучше с ней бороться? Потом, сравните свои выводы с выводами других членов группы.

Д. «Мафия и моя поездка за границу!» Напишите статью на эту тему для журнала (120-150 слов).

Текст 3:   ПРЕДСТАНУТ ПЕРЕД СУДОМ

Английские власти приняли решение о передаче в руки бельгийского правосудия 26 «футбольных хулиганов», устроивших кровавое побоище на трибунах брюссельского стадиона «Эйзель» во время финального матча на кубок европейских чемпионов. Соответствующее постановление было принято судебной коллегией палаты лордов британского парламента.

Многие месяцы длилось расследование, в ходе которого подробным образом были изучены видеозаписи, сделанные во время трансляции матча по телевидению, и установлены личности зачинщиков крупнейшего за всю историю футбола столкновения болельщиков. Теперь эти молодчики предстанут перед судом. Им предъявлено обвинение в убийстве. Как известно, жертвами трагедии, разыгравшейся в столице Бельгии, стали 39 человек, около 500 получили увечья.

Скандальное поведение английских болельщиков в последние годы серьёзно беспокоит европейскую общественность. Особую тревогу вызывает тот факт, что их бандитские вылазки всё чаще приобретают политическую окраску. Зачинщиками побоищ выступают «бритоголовые» из неофашистской организации «национальный фронт», для которых стадионы стали излюбленными местами сборищ. На трибунах, используя накал страстей, они ищут столкновения, разжигают расистские и шовинистические настроения, а заодно и распространяют свою литературу, вербуя новых членов, совершают – причём, как правило, безнаказанно – террористические акты. Хочется верить, что на этот раз «футбольным террористам» не удастся всё же уйти от ответственности...

А.   Ответьте на следующие вопросы:

1.   Почему правительство Бельгии интересуется этими двадцатью шестью англичанами?
2.   Почему они были в Брюсселе на стадионе «Эйзель»?
3.   Почему нужно было долгое расследование дела?
4.   В чём обвиняются английские болельщики?
5.   Почему поведение англичан в последние годы особенно беспокоит европейскую общественность?
6.   Кто стоит во главе побоищ на стадионах Европы?
7.   Какие у них цели?
8.   Как вы думаете, пользуются ли они успехом?

Б.   Объясните по-русски своими словами значение следующих слов:

1.   болельщик
2.   хулиган
3.   чемпион
4.   жертва
5.   бритоголовый
6.   шовинистический

В. В этом отрывке из показания свидетеля пропущено несколько слов. Перепишите текст и вставьте нужные фразы (осторожно с временами глаголов!):

Мы с друзьями стояли на южных трибунах. Мы были очень довольны тем, как _____ (were playing) наши игроки и не имели ни малейшего представления о том, что _____ (would happen). Мы конечно часто слышали, что английские болельщики _____ (can) вести себя очень плохо. Мы читали в прессе, что они _____ (have often wanted) хулиганить на стадионах. Всё-таки, когда они начали петь, что они _____ (wanted) напасть на нас, мы удивились и испугались. Мы спрашивали себя, _____ (whether they would do anything) и потом поняли, что они _____ (were approaching) к нам. Они кричали, что они _____ (were) бритоголовые и что они _____ (hated) нашу команду. Мы решили, что они _____ (would attack us), итак мы убежали как можно быстрее!

Г. Найдите себе партнёра! Обсудите проблему футбольных хулиганов и попробуйте ответить на следующие вопросы:

1. Является ли хулиганство важной проблемой в современном обществе?
2. Почему люди хулиганят на стадионах, или вообще?
3. Как лучше бороться с этим общественным явлением – при помощи строгих наказаний или системы членских билетов для болельщиков, или как?

Потом сравните свои ответы с ответами всей группы.

Д. Переведите на русский язык :

1. The authorities did not take the right decision — the hooligans were able to avoid punishment.
2. He was accused of murder, but even after many months of investigation he did not appear in court.
3. With the help of video tapes of the match, the police identified the instigators of the clash between the fans.
4. Police believe that the terrorists will recruit new members at this season's matches.
5. The Interior Minister announced that this time the criminals would definitely appear before the courts.

E. Прослушайте следующие шесть сообщений из передачи по радио и сделайте упражнения внизу:

1. Впишите нужные слова по-английски:

Yakutsk criminal investigators discovered a particularly large theft of _____. The thief was one Kasayev, with a previous _____,_____ and of _____. The investigators received information about the theft _____, but when _____, Kasayev decided to cover his tracks. He decided to _____ to Moscow, but when he _____ he could not hide his agitation. He was asked to _____ and a _____ was discovered. _____ kg. of _____ were found in the _____.

2. Перепишите следующие фразы по правильному порядку:

1. Belgian newspapers claim that investigations are proceeding too slowly.
2. The son of the kidnapped man denied newspaper reports that the terrorists had been in contact with the family.
3. Reporters were told this by the head of the anti-terrorist squad.
4. It is not known whether the former premier is still alive.
5. He announced that he had no news of his father.
6. The Belgian police have appealed to Interpol for help.
7. An anonymous phone call said that the man was dead and his body in a forest near Mons.
8. Almost a week after the kidnapping, the police have still not been able to trace those responsible.

3. Ответьте на следующие вопросы по-английски:

1. What was reported to police station № 69?
2. Where were the stolen goods found?
3. How much were they sold for?
4. What were the professions of those responsible for the crime?
5. What sentences were passed on the criminals?
6. What is the Russian for : 'The sentence is open to appeal in the Supreme Court'?

4. Перескажите содержание четвёртого сообщения по-английски (не больше 25 слов).

5. Правда или не правда?

1. В Перу считают, что можно бороться с терроризмом по
    старым законам.
2. Террористы в Перу уже не могут быть наказаны смертной казнью.
3. Перуанские террористы будут сидеть в тюрьме не меньше 25 лет.
4. Если бы не было так много террористических актов в Перу,
    не было бы такого жёсткого закона.

6. Прослушайте внимательно следующее сообщение, потом сравните
    его с текстом внизу. В тексте несколько слов заменено другими.
    Найдите их и напишите правильные слова.

    Некто (фамилия его не дана) покупал билет на поезд до
    Миннеаполиса в турбюро американского города Филадельфия.
    Заодно позволил себе заметить: «Дайте мне сиденье у
    окна, поближе к бомбе».   И моментально был арестован.
    Отбытие самолёта задержали. Пилот согласился на тщательный
    обыск. Досмотр продолжался полтора часа.   Бомбу не
    нашли. Никакой угрозы «шутнику» предъявлено не будет.

Текст 4:   ГУМАНИСТЫ СО ШПРИЦЕМ.

Кто-то когда-то заметил, что в Америке всё лучше. Взять, например,
смертную казнь. Хотя это социальная услуга и не такой уж первой
необходимости, а всё-таки, смотрите, какой здесь ассортимент! Можно
отправиться к праотцам, сидя на электрическом стуле. И можно тоже сидя, но
в газовой камере.

Тем не менее, администрация не спит на лаврах. Гражданин,
приговорённый к смертной казни, испытывает заметные неудобства, когда его
убивают электрическим разрядом в 3,000 вольт или душат газом. Это маленькое
несовершенство американского образа смерти глубоко волнует правительство.
С недавних пор из Вашингтона поощряют введение в некоторых штатах смертной
казни путём укола. Теперь убийца ли ты, насильник или просто злостный
растлитель малолетних – имеешь полное право на сладкую жизнь – на сладкую
смерть.

На днях в тюрьме Техаса таким образом решил уйти в мир иной некто Д.
Отри. Предыстория его дела такая. В апреле этого года Отри захотелось
пивка. В лавке города Порт-Артур, как назло, ни банки не было. В состоянии
острой жажды Отри тут же застрелил пистолетом хозяина магазина, продавца и
тяжело ранил покупателя. Теперь по решению суда ему предстояло успокоиться
навсегда со шприцем в вене. Началась эра химической казни!

А. Ответьте на вопросы:

1. Какие виды смертной казни существуют в Америке?
2. Что значит: «не спит на лаврах»?
3. Почему правительство решило ввести «химическую казнь»?
4. Что значит: «сладкая смерть»?
5. Объясните своими словами, как Отри попал в смертную камеру.
6. В статье есть три эвфемистические фразы, использованы вместо глагола «умереть». Назовите их.
7. По вашему мнению, каким тоном написана статья? Дайте причины.

Б. **Разыграйте по ролям! Выберите себе партнёра и разыграйте по следующим ролям:**

А.

Вы находитесь в Одессе в качестве туриста/туристки.
Однажды, после ужина в ресторане, вы замечаете, как на улице два мужчины взяли у другого бумажник и потом, кажется, убивают его ножом.

Расскажите обо всём своему партнёру (милиционеру). Вы сделали следующие заметки:

22.35 - улица Маркса.
Двое - блондин, небольшой, другой с чёрными волосами и толстый.
Пешеход - шёл быстро к светофору, среднего роста, старый.
Подъехали на машине и захватили его.
Взяли у него бумажник, потом ударили ножом три-четыре раза.

Б.

Вы милиционер/ка в советском городе Одесса. Поздно вечером к вам подходит турист/туристка из гостиницы.

Задайте нужные вопросы, чтобы узнать, в чём дело:
Где/в котором часу случилось?
Подробное описание события и всех людей.
Сведения о партнёре - возраст, цель поездки в СССР, домашний адрес и т.д.

Вам кажется, что партнёр слишком много выпил/а.
Спросите, где/как провёл/ провела вечер. Не смогла ли быть виновата в этом водка?

В. Переведите на русский язык :

The death penalty exists in various forms. It is possible to use an electrical charge or gas, though with both these methods the victim experiences some pain and discomfort during the process. A new solution has been proposed to replace the electric chair and the gas chamber by a simple injection after which the criminal falls asleep forever. Many people want to continue using the death penalty, in particular for murderers and rapists, and believe this invention will open a new era.

Г. Дискуссионные темы: Преступление и наказание

Почему переступают закон?	*Как лучше наказывать?*
нечестная натура; жадность; нежелание работать; страсть; бедность; политические убеждения; влияние других; протест против общества; самооборона; без всяких причин.	тюремным заключением; денежным штрафом; телесным наказанием; общественной работой.

Почему наказываем преступников? Какая польза от этого?

месть - ото/мстить преступнику за преступление;
запугать - чтобы дать пример другим; чтобы все боялись и не смели переступить закон;
чтобы защищать общество от вреда - пока преступник в тюрьме, он не может повторить своё преступление.

К чему ведёт наказание преступника?	*Проблемы тюремной системы*
к лучшему? - преступники искупают свою вину перед обществом; или к худшему? - в тюрьме можно стать заядлым преступником; «тюрьма не лечит, а калечит».	перенаселение тюрем; старые здания; маленькие клетки; заключённые почти всё время в клетках.

Смертная казнь

виды - расстрел; электрический стул; газовая камера; повешение (повесить убийцу); смертельный укол.
преимущества - общество навсегда избавляется от преступника;
недостатки - мученики (напр. ради террористического дела);
ошибка приговора; имеем ли мы право вообще лишать жизни других?

Теперь напишите сочинение (около 250 слов) на одну из следующих тем:

а) Как лучше наказывать?
б) Проблемы тюремной системы

Д.   Прочитайте и обсудите:

Надоело читать однообразные и тенденциозные статьи о милиционерах — нарушителях социальной законности. Почему никто не скажет доброго слова о тех, кто защитил народное добро, жизнь и достоинство граждан или просто объяснил юридическую норму, помог в ремонте автомобиля?

Чем же отличаются люди из МВД СССР от остальных граждан? А ничем. Зарплата ничуть не больше среднестатистической. Никаких льгот при получении квартир или путёвок, при покупке товаров. Бензина на дежурную машину, как и всем, — лимит 20 л., которые израсходуются до 24 часа, а на ночные происшествия выезжают на попутном транспорте, если подвезут. Техника примитивная, устаревшая. Телефоны и кабинеты на 3-4 человека. Работники милиции не имеют даже нормальной парадной формы, как все военные и КГБ.

Условия работы значительно усложнены:

— работаем со специфической частью населения, вступившей в конфликт с законом, чем-то недовольной и ущемлённой, отсюда — постоянный риск, напряжение, стрессы, срывы;

— рабочий день ненормирован в полном смысле этого слова; с утра до ночи, без выходных и праздников и соответственно без каких-либо отгулов, доплат, компенсаций;

— полнейшая неразбериха с критериями оценки работы.

Разве можно сравнить сложность, условия работы, например в уголовном розыске с работой участкового инспектора милиции и работника паспортного отдела? Но деньги получают все одинаковые, на пенсию идут одинаково, никакие вредность, риск, нервность не учитываются.

Если не решатся в скорейшем времени эти наболевшие вопросы, то будут и дальше идти в милицию случайные люди, ведь берут туда всех без разбору и особой проверки: кадров не хватает, и будут дальше продолжаться статьи в газетах о «милицейских делах».

Вопросы к разговору:

1.   Как вообще население и пресса относятся к милиционерам, по мнению автора этой статьи?

2.   Он доволен своей работой? Объясните почему/нет.

3.   Какую роль в обществе играют наши полицейские?

4.   Вы хотели бы стать полицейским? Объясните почему/нет.

Полицейским выпадает тяжёлая доля.

Chapter 4
ТРУД!

Часть первая: ТЕОРИЯ

ДЕД-МОРОЗ СЫТ ПО ГОРЛО СВОЕЙ РАБОТОЙ!

Может быть вы представляете себе, что у Деда-Мороза и Снегурочки очень несложная жизнь, что им везёт, так как они очень заняты только раз в год. Вы ошибаетесь. Выполняя свою работу в современном обществе, Дед-Мороз и Снегурочка наталкиваются на целый ряд раньше неизвестных проблем. Речь идёт не только о циничных детях, больше не верующих в существование Деда-Мороза ... в наши дни дело обстоит далеко не так просто!

В прошлом бывало, что , отправляясь в путь 31-го декабря, со своими хорошо ухоженными оленями, Дед-Мороз знал, что предстоит исключительно приятная работа и что, распределив подарки прилично ведущим себя детям, он сможет вернуться домой на хорошо заслуженный отдых.

А теперь что? Подъезжая к центру города на машине, набитой всякими подарками и игрушками, Деду-Морозу и Снегурочке приходится просидеть час-другой в заторе уличного движения. Войдя наконец в назначенную квартиру, они приветствуют детей, раздают подарки. Родители, обижающиеся на то, что дети не благодарят Деда-Мороза, сердятся на них. Дети со своей стороны обижаются на «такие не подходящие, детские подарки».

Получается иногда намного хуже, серьёзнее – например, когда бедного Деда-Мороза, проходящего по улице с мешком, наполненным подарками, обкрадывают.

Итак, нельзя считать доказанным, что у Деда-Мороза и Снегурочки лёгкая работа. А кто знает, может быть если их работа станет совсем невыносимой, они действительно и забастуют!

GERUNDS & PARTICIPLES

This chapter considers how Russian translates words ending in -ing, other than verbs in the present tense. It uses GERUNDS and PARTICIPLES, but each in different circumstances.

GERUNDS

GERUNDS can be thought of as adverbs made from verbs. They can only be formed from **ACTIVE** verbs. They are used to describe actions taking place/ having taken place in addition to the action of the main verb, PROVIDED THAT ALL THE ACTIONS HAVE THE SAME SUBJECT. *GERUNDS* can replace time, causal or conditional clauses (e.g. After having read/Wanting to (because/as he wants to) buy / Finding this (if he finds this)).

There are 2 types of *GERUNDS* - **PRESENT** and **PAST**. The **PRESENT** and **PAST** are relative to the tense of the main verb - i.e. does the action of the *GERUND* happen at the same time as that of the main verb (*PRESENT GERUND*) or does it happen before it (*PAST GERUND*)?

1. PRESENT GERUND

Take 3rd person plural **PRESENT TENSE**, remove last 2 letters, add -я (or -а if stem ends in ж,ч,ш,щ):

читая - reading
говоря - saying
молча - saying nothing
смеясь - laughing

2. PAST GERUND

Remove -л from **PAST PERFECTIVE** and add -в (or sometimes -вши). For **REFLEXIVES** add -вшись:

прочитав - having read
сказав - having said
засмеявшись - having laughed

These endings never change!

Читая книгу, он уснул.
Reading the book, he fell asleep.

Прочитав книгу, он уснул.
Having read the book, he fell asleep.

Note:
a) The negative *GERUND* is very useful for translating phrases such as 'without doing', etc. :
Не думая, он положил бумажник.
Without thinking, he put down his wallet.
Не позвонив, он поехал к ним в гости.
Without having phoned, he left to visit them.
b) *GERUNDS* are not normally formed from monosyllabic verbs or first conjugation verbs with a consonant change, such as лечь.
c) Note the following irregularities amongst **COMPOUND VERBS OF MOTION** when forming the *PAST GERUND*: прийти → придя; войти → войдя; увезти → увёзши; довести → доведя; принести → принёсши.

PARTICIPLES

PARTICIPLES can be thought of as adjectives made from verbs. *PARTICIPLES* occur in Russian whenever a relative clause introduced by который could be used. They have adjectival endings and always agree in case, number and gender with the noun they describe. Note that it is more important for you to be able to RECOGNISE what *PARTICIPLES* mean than to be able to form them for yourself ... In fact, you probably know some already, even if you didn't know they were *PARTICIPLES*! (see below for words like будущее, настоящее, любимый, уважаемый).

There are four types of participle:
1. *PRESENT ACTIVE PARTICIPLE*   2. *PRESENT PASSIVE PARTICIPLE*
3. *PAST ACTIVE PARTICIPLE*   4. *PAST PASSIVE PARTICIPLE*
ACTIVE means that the person or thing to which the *PARTICIPLE* refers would have been the SUBJECT of the который clause; *PASSIVE* means that the person or thing to which the *PARTICIPLE* refers would have been the OBJECT of the который clause. Note that 1. and 4. are most commonly encountered.

1. PRESENT ACTIVE PARTICIPLE

Take 3rd person plural PRESENT TENSE, remove –т, add –щий:
читающий – reading
говорящий – speaking, talking

With REFLEXIVE VERBS the same applies, the reflexive suffix –ся being added to ALL forms, regardless of the normal rule with vowels (this is ALWAYS the case with *REFLEXIVE PARTICIPLES*):
улыбающийся – smiling

2. PRESENT PASSIVE PARTICIPLE

Take 1st person plural PRESENT TENSE, add –ый:
читаемый – being read
говоримый – being said

Note: This *PARTICIPLE* is VERY RARE, especially in spoken Russian, apart from a few commonly used as adjectives:
уважаемый – respected
любимый – favourite

3. PAST ACTIVE PARTICIPLE

Remove –л from PAST TENSE, add –вший;
[про]читавший – having [been] read[ing]
[по]говоривший – having [been] talked[ing].

4. PAST PASSIVE PARTICIPLE

a) Conjugation 1 in –ать or –ять: replace –ть with –нный (one –н– in short form).
b) Conjugation 1 in –сти or –зти: replace –у of 1st person singular of PRESENT/FUTURE TENSE with –ённый.
c) Conjugation 1 in –чь: replace –ёшь of 2nd person singular of PRESENT/ FUTURE TENSE with –ённый.
d) Conjugation 2 in –ить/–еть: replace –у/ю of 1st person singular of PRESENT/FUTURE TENSE with –ённый/–енный (the latter if stress not on *PARTICIPLE* ending).

The use of the *PASSIVE* will be dealt with more fully in Chapter 10; for the moment here are some typical (and useful) examples of *PAST PASSIVE PARTICIPLES*:

На заводе работали студенты, окружённые специалистами.

The students worked in the factory, surrounded by specialists.

Вот письмо, полученное нам вчера.

Here's the letter we received (received by us) yesterday.

Сказано, сделано!

No sooner said than done.

Note:

a)   The **PRESENT** and **PAST** notions do not signify tenses in absolute terms; a useful rule of thumb with the *ACTIVE PARTICIPLES* is to ask yourself what the tense would have been if a **который** clause had been used instead:

КОТОРЫЙ	PARTICIPLE
Мальчик, который читает книгу, очень любит романы.	Мальчик, читающий книгу, очень любит романы.
The boy who is reading the book really likes novels.	The boy reading the book really likes novels.
Мальчик, который читал книгу, сказал, что это дрянь.	Мальчик, читавший [читающий]✳ книгу, сказал, что это дрянь.
The boy who was reading the book said it was rubbish.	The boy reading the book said it was rubbish.
Мальчик, который прочитал книгу, сказал, что это дрянь.	Мальчик, прочитавший книгу, сказал, что это дрянь.
The boy who had read the book said it was rubbish.	The boy who had read the book said it was rubbish.

✳ Because **PAST** and **PRESENT** do not signify tenses in absolute terms, the *PRESENT PARTICIPLE* could be used here, since the actions are taking place simultaneously.

b)   Some *PARTICIPLES* are so commonly used that they have become nouns and adjectives in their own right:

блестящий   —   brilliant
будущее   —   the future
бывший   —   former
верующий   —   a (religious) believer
настоящее   —   the present
настоящий   —   real; actual
[не]курящий   —   a [non-]smoker
отдыхающий   —   a holidaymaker
учёный   —   a scholar

УПРАЖНЕНИЯ

а)   Дополните предложения, употребляя подходящие деепричастия:

1. _____ (задавать/задать) вопросы, журналист узнал правду.
2. _____ (избавляться/избавиться) от опасных веществ, начальник
   перестал беспокоиться.
3. _____ (проводить/провести) опыты, они узнают, опасен ли этот газ.
4. _____ (проверять/проверить) все остатки, мы сможем сказать,
   что некоторые из них – радиоактивны.
5. _____ (обсуждать/обсудить) дело с начальником, журналист написал
   блестящую статью.

б)   Переведите на русский язык:

1. Having arrived home on December 31, *Ded-moroz* immediately goes to bed.
2. Spending all day walking around the shops, she bought a lot of things.
3. By carrying out his duties effectively, he became very successful.
4. Having considered their problems, the workers decided to go on strike.

в)   Дополните предложения, употребляя подходящие причастия:

1. Журналист задал много вопросов работнику, _____ (беспокоиться/
   обеспокоиться) о положении в своём депо.
2. Как избавиться от всех вещей, _____ (находиться/найтись) здесь?
3. Результаты, _____ (получать/получить) в химлаборатории,
   доказывают, что выбросы – опасны.
4. Вещества, _____ (проверять/проверить) в лаборатории, не вредны.
5. Положение, _____ (обсуждать/обсудить) вчера на интервью,
   действительно серьёзное.

г)   Переведите на русский язык. Осторожно с причастиями/деепричастиями!

1. The man relaxing on the terrace was glad to have finished writing.
2. The work carried out in this period will always be useful.
3. They arrived with the presents at the appointed time.
4. The students chatting to the policeman are studying at the university.

д)   Переведите на русский язык. Осторожно с причастиями/деепричастиями!

1. He went out of the room laughing.
2. Having reached the exit, they left for home.
3. You spent the money given as a present.
4. When she finished working, she went home.
5. They visited a town built in the last century.

Часть вторая: ПРАКТИКА

Текст 1: «КАПСУЛА РЕКРЕАЦИИ» — ЛЕКАРСТВО ОТ СТРЕССА

«Здоровье Японии обеспечат капсулы рекреации» — такое объявление красуется в самом центре Токио, в районе Гиндзы, на ультрасовременной стене зеркального стекла.

Входим. В небольшом помещении — причудливой формы кресла, пожалуй, напоминающие те, в каких располагаются космонавты перед стартом. Прежде чем опуститься в кресло, вы выбираете нужную кассету, нажимаете клавишу. И погружаетесь в особый мир, где не остаётся внешних шумов, кроме звуков природы: пения птиц, журчания воды, цоканья копыт лошадей, бегущих где-то далеко. Постепенно и эти звуки становятся всё тише, вас охватывает ощущение защищённости и покоя, вы погружаетесь в короткий, но странно живительный сон.

Салон с «капсулами рекреации» появился в Токио семь лет назад. Новинку предложил М. Ханами, человек, казалось бы, далёкий от электроники: основное его занятие — торговля красящими материалами. Однако опыт бизнесмена, способность тонко улавливать запросы рынка помогли ему понять, что главная потребность каждого работающего японца — это возможность расслабиться, снять стресс.

Основанный Ханами салон-клуб пользователей «капсулами рекреации» работает с 10 часов утра до 6 вечера. В первое время основной наплыв посетителей приходился на конец рабочего дня, когда вымотанные «деловые люди» позволяли себе роскошь освежиться перед традиционными вечерними выходами в город. Однако, в дальнейшем «час-пик» переместился на время обеденного перерыва, а среди членов клуба, кроме бизнесменов, появились не менее нуждающиеся в передышке технические специалисты.

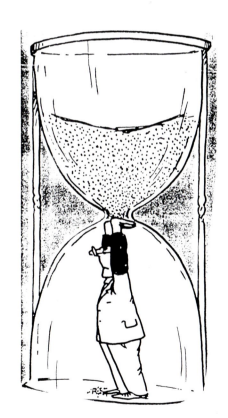

Вот что рассказал корриспонденту газеты «Майнити» 33-летний программист, с недавнего времени примкнувший к «клубу капсуло-пользователей»: — Работы страшно много. Бывает, по две-три недели подряд возвращаюсь домой последней электричкой, падаю от постоянного недосыпания. Когда же хоть на полчаса забегаю в клуб посидеть в капсуле, становлюсь другим человеком. Конечно, удовольствие дорогое: вступительный взнос - 10 тысяч иен, ежемесячная зарплата - 5 тысяч. Но чтобы восстановить силы, заплатишь и больше.

Согласно данным специальной группы по исследованию психоневралогических отклонений в Токийском медицинском институте Дзикэй, японский труженик с понедельника по пятницу спит не более 6 часов 46 минут в сутки. Это на один час двадцать минут меньше, чем в 50-х годах. Если учесть к тому же общий для всех развитых стран процесс интенсификации труда, требующий всё большего напряжения физических и душевных сил, становится понятно, почему за 6 часов 46 минут полностью восстановить работоспособность не удаётся. Анкетные опросы показали, что японцы выходят из положения тремя способами: спят в транспорте, пьют в течение дня всё больше кофе и, наконец, используют для сна обеденный перерыв.

А.   Ответьте на вопросы по-русски:

1.   Читая эту статью, что мы узнаём о жизни японского бизнесмена?
2.   Объясните, что такое «капсула рекреации».
3.   Какая главная потребность работающих японцев?
4.   Кто обычно пользуется капсулами во время обеденного перерыва?
5.   Почему пользование капсул считается роскошью?
6.   Почему некоторые японцы спят в транспорте, пьют много кофе?

Б.   Выберите себе партнёра и разыграйте по ролям!

А.	Б.
1. Ask how Б. is today.	1. Say you're very tired.
2. Ask how much sleep Б. had yesterday.	2. Say only 6 hours.
3. Say you're not surprised Б. feels tired.	3. Explain that you didn't leave the office until 6pm and didn't get home until 8.30pm.
4. Ask if Б. enjoys her/his job.	4. Say yes, but you haven't got enough spare time.
5. Say that Б. needs to relax and recommend relaxation capsules.	5. Say you've heard about them but they're far too dear.

B.

а) Найдите в тексте 10 причастий и запишите их (например: напоминающие).

б) Дополните предложения:

1. Он всегда возвращается с работы совсем _____ (worn out).
2. В капсуле слышны звуки _____ (reminiscent of) живую природу.
3. На собрании врачи говорили о людях, _____ (in need of) в отдыхе.
4. Её работа _____ (is based) на теории, что всем нужны и отдых и работа.
5. Согласно последним _____ (data), усталость плохо действует на работоспособность японцев.

Г. Найдите в тексте следующие выражения, перепишите и выучите их:

1. At first/to begin with (абз.4).
2. Later on/in the long term (абз.4).
3. Even for half an hour (абз.5).
4. This is one hour twenty minutes less (абз.6).
5. In the fifties (абз.6).

Д. Прослушайте этот отрывок из «Последних известий» и ответьте на вопросы по-английски :

1. What is the total workforce of Japan?
2. What proportion of this figure are white-collar workers?
3. How is this category of workers defined?
4. How significant are these latest statistics?
5. What is the explanation for this development?
6. What figures for temporary workers are given?
7. What is the trade union view of this development?
8. What has been the trend in union membership in recent years?

Е. Вы работаете в бюро в Токио. Сегодня вы делали много ошибок на работе и даже не очень вежливо обращались с коллегами. Напишите письмо директору, извиняясь, и объясняя, почему это случилось (150 слов).

Текст 2: ПРИДЁТСЯ ИСКАТЬ РАБОТУ

Некоторые советологи предсказывают появление в СССР безработицы. Вывод делается на основе информации о сокращении штатов в советских учреждениях и на предприятиях.

Такая информация имеется. Например, наш журнал уже рассказывал, как сокращается управленческий аппарат министерств. Высвобождаются работники и в сфере производства. С переходом предприятий на режим самофинансирования стали строже учитываться расходы материальных ресурсов и труда. Выяснилось, что во многих случаях можно без ущерба для дела уменьшить численность работающих. За последние два года, сообщил нам начальник отдела трудовых ресурсов и подготовки кадров Госкомтруда СССР, по стране сокращено 2 миллиона рабочих мест.

С сокращением персонала повышается рентабельность предприятия, возрастают прибыли и следовательно, зарплата работников. Но какова судьба других, тех, кто будет уволен? Несомненно, сокращение штатов - проблема не только экономическая, но также политическая, социальная, нравственная. Как известно, Конституция СССР гарантирует гражданам право на труд. И никто - таков закон - не может быть ущемлён в этом праве.

Но всё-таки, люди остаются не у дел. Тревожно? Представьте: трудился человек добросовестно, с обязанностями справлялся и вдруг... оказался «не нужным», вынужден искать другую работу!

В принципе ничего особо тревожного тут нет. В подавляющем большинстве случаев место высвобождающимся работникам подыскивает сама администрация. Причём она в этом заинтересована, ибо заполняет кадровые бреши. Кто-то ушёл на пенсию, кто-то переезжает в другой город, кого-то переманили на другой завод... Словом, вакансии есть. Впрочем, без драм подчас не обходится. Ведь у каждого свой нрав, свой характер. Один общителен, мобилен, охотно соглашается осваивать новое дело, легко адаптируется в новом для себя микроколлективе. Другой, напротив, не склонен менять привычное на неизведанное, и даже переход в другую бригаду для него мучителен...

И самая чувствительная сторона в проблеме сокращения штатов в том, что эта акция нередко бьёт по самолюбию. Логика простая: сокращают тех, без кого можно обойтись. Если - меня, значит, либо я «балласт», либо со мной сводят счёты. И пусть подобные рассуждения чаще не более, чем избыточная рефлексия, они могут стать источником переживаний, стресса, конфликта. Как этого избежать?

Прежде всего нужен такт. Одно дело - сказать человеку: «Ты не нужен»; совсем иное - заинтересовать его предложением: «Ты нужен в другом месте». А предложить есть что. Можно надеяться, что безработицы не будет, но задачи учёта и перераспределения трудовых ресурсов усложнились. Нужно грамотно управлять этим процессом. Ибо мы понимаем право на труд как обязанность общества предоставить каждому такое дело, которое максимально отвечало бы его знаниям, склонностям и способностям.

А. Вы хорошо поняли? Внимательно прочитав текст, ответьте «правда» или «неправда» на следующие утверждения:

1. До недавних времён в СССР у всех всегда была гарантирована работа.
2. Журналист считает, что количество рабочих на предприятии является делом экономистов и никого больше.
3. Чаще всего увольняющие находят новые места для уволенных.
4. Перемена работы проходит не без затруднений в значительном количестве случаев.
5. Чтобы успешно устроить рабочего на новое место надо только дать ему достаточно денег - вот его единственная забота!
6. С переходом на самофинансирование, уже не приходится беспокоиться об интересах рабочих.

Б. Переведите на английский язык следующий отрывок из текста:

«В принципе ничего особо тревожного тут нет... ...даже переход в другую бригаду для него мучителен».

В. Объясните по-русски значение следующих слов:

1. сокращение
2. уволить
3. администрация
4. зарплата
5. добросовестный
6. стресс

Г. Прослушайте то, что говорили во время интервью с корреспондентом три рабочих. Сделайте записки, чтобы потом пересказать учителю их мнение о проблеме - сначала по-английски, потом по-русски.

Д. Переведите на русский язык:

Unemployment creates enormous difficulties in any society, even if the government tries to plan the use of material and labour resources. The appearance of new equipment and technology often forces people to seek new jobs or even change professions. They can retrain, sometimes still receiving their previous wage during the period of study. However, it is often impossible not to feel offended — people may work efficiently and conscientiously for many years, but in the over-whelming majority of cases this does not determine who is to leave and who to remain at work.

E. Что вы подумали бы, если бы вас уволили с работы без основания? Обсудите ситуацию с партнёром, потом со всеми членами группы. Наконец напишите 170-200 слов о своих чувствах и реакциях в таком случае.

Текст 3:   РАВНАЯ ОПЛАТА ТРУДА!

Посмотрим на работающего мужчину и работающую женщину. Мы говорим, что у нас равная оплата труда. Теоретически это верно. Но были и есть в нашем народном хозяйстве зоны низкой оплаты труда. И из этих зон исчезают мужской труд, а заполняются они женщинами. Есть приоритетные отрасли народного хозяйства – добывающие, машиностроительные и т.д., где зарплата выше средней по стране. А существует ещё лёгкая промышленность, пищевая, бытовое обслуживание, где она ниже средней. Так вот, женщины заняты преимущественно там, где зарплата ниже.

Казалось бы, самое простое решение – освободить женщину от работы. Но все ли сами захотят этого? Многие находят в работе удовлетворение и не собираются её оставлять, потому что тогда будут чувствовать себя просто ущербными. Им нравится дело, которым они занимаются.

Для других женщин в отношении к работе превалирует необходимость пополнить семейный бюджет. В этой группе есть женщины, которые тяготятся работой, но оставить её не могут.

Сегодня я вижу дискриминацию женщин в том, что общество не в состоянии предоставить им реальную возможность выбора – работать, заниматься домом или совмещать и то и другое.

По моим наблюдениям, треть времени, которое отведено дому, женщина проводит в очередях. Мы должны серьёзно заняться нашим рынком потребительских товаров. Витрины и прилавки, с добротными товарами, станут дополнительным стимулом к труду. Кредиты помогут нам избежать наконец порочного круга, когда люди не хотят работать, потому что на заработанные деньги нечего купить. Но, с другой стороны, прилавки будут пусты, пока мы не начнём по-настоящему работать.

Но вернёмся к женщине. В 9 ч она приходит на работу, в 10 бежит в магазин. И «нормальный» начальник, понимая её трудности, закрывает на это глаза. Мы держим такую женщину на работе восемь часов, фактически же она работает четыре. А если у неё ещё нездоров ребёнок, вообще делает вид, что работает: все её мысли дома. С точки зрения экономики это иррационально. Положение должно в корне измениться; нужно распределение ресурсов в пользу семьи.

МНЕ ПРИСНИЛСЯ КОШМАРНЫЙ СОН, ЧТО В МАГАЗИНАХ ПОЯВИЛОСЬ ХОЗЯЙСТВЕННОЕ МЫЛО!!!

А.   Вы хорошо поняли? Внимательно прочитав текст, ответьте «правда» или «неправда» на следующие утверждения :

1.   В СССР на практике существует равная оплата труда для всех.
2.   Как правило у женщин зарплата ниже, чем у мужчин.
3.   Все женщины работают только для того, чтобы пополнить семейный бюджет.
4.   У всех женщин возможность выбора - работать или не работать.
5.   Женщины проводят много времени в очередях.
6.   Женщинам вообще трудно быть на работе, если дети больны.
7.   Не стоит изменить положение.

Б.   Телефонный разговор. Дополните диалог, придумывая ответы и вопросы Саши:

Оля   Алло. Это кто?

Саша

Оля   Но ведь ты хорошо знаешь, что я вернусь с работы только в 7 часов.

Саша

Оля   Ну, что ты, Саша. Как же можно! Начальник очень сердился бы.

Саша

Оля   Видишь, Саша, моя работа такая же важная, как и твоя.

Саша

Оля   В таком случае лучше было бы прекратить этот разговор.

Саша

Оля   Боже, какой ты шовинист!

В.   Дополните предложения, употребляя подходящие причастия:

1.   Женщины, _____ (работать) на заводах, получают низкие зарплаты.
2.   В прошлом веке женщина, _____ (желать/пожелать) стать медсестрой, считалась странной.
3.   Неудивительно, что женщинам, _____ (стоять/простоять) в очередях, скучно.
4.   Проблемы, _____ (обсуждать/обсудить) этим журналистом, очень важные.
5.   Женщина, раньше _____ (работать) в этом бюро секретаршей, стала директором.

Г.   Дополните предложения, употребляя подходящие деепричастия:

1.   _____ (работать) на заводе, женщины получают низкие зарплаты.

2. _____ (заниматься/заняться) самыми срочными делами, она пошла домой.

3. _____ (стоять/простоять) в очереди уже три часа, они устали.

4. Оля очень сердилась, _____ (обсуждать/обсудить) дело с Сашей.

5. _____ (становиться/стать) директором, Оля улучшила условия работы для женщин.

Д.   Прослушайте следующие отрывки из интервью, запишите главные пункты, потом перескажите учителю, что говорят.

Е.   Переведите на русский язык:

The trouble is that working women often receive low salaries and often do the most boring jobs.   Some women work in order to supplement the the family budget and often they find no satisfaction in their work. Others work because they enjoy their job and have no intention of staying at home all day. However, it is very difficult to combine work and family life and it is time to ease the situation by improving conditions at home, at work and in the shops.

Текст 4:   ФАБРИКУ ЗАКРЫЛИ; БЕЗРАБОТНЫХ НЕТ

В Минске ликвидирована табачная фабрика – такое решение принял Госагропром Белоруссии.   Перестало   действовать   предприятие, просуществовавшее с августа 1944.

Чем вызвана такая решительная мера? Причин несколько. Во-первых, предприятие очень старое, технический уровень его производства совершенно не отвечает современным требованиям. Например, линии по выпуску папирос не менялись с 1949 года. Во-вторых, в последнее время снизился спрос на минские папиросы. В нынешнем году производство папирос надо было сократить более, чем втрое. Падение спроса на эту продукцию, несомненно, и результат борьбы, которая ведётся у нас против курения, но – не будем обольщаться – ещё и следствие низкосортности папирос минской фабрики.

Ещё одна причина: фабрика находилась почти в самом центре города. По генеральному плану развития предполагался её вынос за пределы Минска. Проанализировали ситуацию и пришли к выводу: табачное производство здесь вообще не нужно.

Любое сообщение о ликвидации предприятия, конечно, люди встречают настороженно. Сразу возникает вопрос: а рабочие – как быть с ними? Где и как их трудоустроить? Действительно, такая проблема встала перед Госагропромом Белоруссии и Минским горисполкомом. На фабрике сложился стабильный коллектив. Многие проработали там не один десяток лет... Как тут всё бросить? Кроме того, табачное производство имеет свою специфику. Машиниста папиросной линии не отправишь токарем на станкостроительный завод: надо человеку помочь переквалифицироваться. Увы, на фабрике пошли слухи: производство закрывается, надо срочно искать работу! Правда, тревога довольно быстро улеглась. Руководители Госагропрома, горисполкома, райкома партии приехали на фабрику и без утайки всё объяснили. Советов поступало много, собрание бурлило. Рабочие предложили: не всю сразу, а поэтапно закрывать фабрику. Чтобы без спешки трудоустроить высвободившихся.

А. Ответьте на следующие вопросы по-русски:

1. Почему закрывается завод?
2. Почему покупают меньше минских папирос сейчас?
3. Как вы думаете, почему хотели вынести завод из центра города?
4. Почему перед администрацией особенно остро возникла проблема перераспределения рабочих при ликвидации завода?
5. Как решили эту проблему? Расскажите своими словами.

Б.

а) Найдите в тексте синонимы к следующим словам:

1. разрушить (абз.1)
2. наших времён (абз.2)
3. результат (абз.2)
4. заключение (абз.3)
5. на самом деле (абз.4)
6. покинуть (абз.4)

б) Закончите следующие предложения, употребляя слова из текста:

1. Надо будет закрыть все такие заводы, если мы действительно хотим _____ эту проблему (абз.1).
2. Самофинасирование заставляет нас производить только те товары, на которые есть большой _____ (абз.2).
3. Эта фабрика закрылась потому, что никто не покупал её плохие товары – все жаловались на _____ (абз.2).
4. При перестройке надо надеяться, что не забудут о долге уволяющего предприятия _____ своих бывших рабочих (абз.4).
5. Посмотришь на успешное предприятие и сразу заметишь, что рабочий коллектив _____ – там хотят работать всю жизнь (абз.4).

В. Прослушайте заключение статьи о закрытии фабрики и запишите пропущенные слова :

Закрывая _____, в Минске проявили _____, терпение и _____. Специально созданная _____ знала всё о каждом _____ фабрики. И _____ _____ была личная _____. На ней человеку _____ работу. Если она была ему не по _____, спрашивали: каким _____ он хочет заняться? Встречное желание _____. _____ предлагалось на выбор несколько _____ предприятий разного _____ и, к счастью,_____ не осталось.

Г. Вы представитель большой компании, которая хочет закрыть старый завод и построить новый в другом месте. Это очень важно для будущих успехов вашей фирмы.

   а) Как вы объясните своё решение рабочим на старом заводе, многие из которых потеряют работу при его ликвидации? Обсудите эту проблему по-русски с партнёром и постарайтесь подготовить речь для собрания рабочих.

   б) Затем напишите официальное объяснение ликвидации завода для рабочих (200 слов).

   в) Возьмите у партнёра официальное объяснение и обсудите его с ним с точки зрения рабочего на ликвидированном заводе.

Д. Напишите сочинение на следующую тему (около 250 слов):

«Работа играет самую важную роль в жизни каждого из нас!» Вы согласны с этим мнением?

Е. Прочитайте и обсудите:

Пока мы продолжаем обсуждать, можно ли советским гражданам работать по найму за рубежом, 20-летняя москвичка уже сделала свой выбор. Катя Чиличкина уехала работать в Америку. Эту лукавую темноволосую девушку с большими светлыми глазами многие заметили ещё на первом конкурсе «Московская красавица». Приглашение работать фотомоделью в американском агентстве моделей Катя получила после заочного – по фотографиям – знакомства. Три года её интересы в Америке будет представлять посредническая фирма «Зигзаг Интернэшнл» – её президент случайно познакомился с Катей на приёме в Москве. Оформил поездку и уладил прочие формальности «Внешторгиздат», в отличие от самой Кати имеющий и свой валютный счёт, и право коммерческой деятельности за рубежом. И советская и американская стороны получат свой процент от Катиного заработка. Однако, по её словам, обе вели себя достойно и не стремились на ней заработать. Сколько будет получать первая советская фотомодель в США? Её менеджер говорит, что американцы предложили достаточно приличный заработок – иначе он бы не согласился. Впрочем, окончательный контракт будет заключён только на территории США.

Отцу Кати пришлось нелегко: заболела и была парализована жена, только недавно начала выздоравливать. Заботы о ней и о двух дочерях ложились на его плечи, и он растил детей со всей любовью и лаской. Кстати, родители одобрили контракт дочери, хотя разлука с домашними, а также с двумя любимыми пуделями, кажется, единственное «но» в американских планах Кати. В будущем хотела бы работать там где интересно, не обязательно за границей.

Вопросы к разговору:

1. Какая тема этой статьи?
2. Как получилось, что Катя едет в Америку?
3. По вашему мнению, почему она едет?
4. Как вы думаете, какие у неё чувства при отбытии за границу?
5. Какие проблемы её ждут, по-вашему?
6. Вы хотели бы работать за границей? Почему/нет?

Chapter 5
СТИХИЯ

Часть первая: ТЕОРИЯ

СТРАШНЫЕ УДАРЫ СТИХИИ.

Седьмого декабря тысяча девятьсот восемьдесят восьмого года случилось страшное. Потрясённая в самом буквальном смысле армянская земля лишилась двух городов: двухсотшестидесятитысячного Ленинакана и двадцатитысячного Спитака. Все городские часы в Ленинакане остановились в одиннадцать часов сорок минут. Прошло всего два дня после страшного удара стихии. И уже работали, стиснув зубы, первые отряды спасателей. Все понимали: мы не одни в своём горе. В Москве, в Астрахани, Курске, в сотнях городах стояли очереди у местных станций переливания крови.

В первые часы после трагедии не хватало пожарных, врачей, не было транспорта. Спасти людей, спасти тех, кто погребён под руинами домов и школ, больниц и фабрик, было главным в первые часы. За три первых дня один батальон откопал шестьдесят четыре живых и пятьдесят шесть погибших. Трое суток солдаты и офицеры разгребали завалы буквально руками. Солдаты работали рядом с двумястами иностранными специалистами – врачами, спасателями, строителями.

Одиннадцатого декабря в четыре часа тридцать минут утра, на исходе четвёртых суток после землетрясения, в единственной уцелевшей больнице двадцатилетняя Анаит Анушян родила здоровую крепкую девочку, первого после землетрясения ребёнка в Ленинакане.

Шестнадцатого декабря в одиннадцать часов тридцать три минуты «ожили» электронные часы в отделении Госбанка Ленинакана. Символично, что часы включили почти в то же время, когда их остановила стихия.

СИЛЬНЕЙШИЕ ЗЕМЛЕТРЯСЕНИЯ ДВАДЦАТОГО ВЕКА

1905 год,	Индия	–	погибли девятнадцать тысяч человек
1908 год,	Италия	–	погибли пятьдесят восемь тысяч
1920 год,	Китай	–	погибли двести тысяч
1927 год,	Китай	–	погибли сорок одна тысяча
1935 год,	Пакистан	–	погибли двадцать пять тысяч
1948 год,	СССР (Ашхабад)	–	погибли сто десять тысяч
1970 год,	Перу	–	погибли шестьдесят семь тысяч
1976 год,	Китай	–	погибли двести сорок три тысячи
1978 год,	Иран	–	погибли пятнадцать тысяч
1985 год,	Мексика	–	погибли четыре целых, пять десятых тысячи

CARDINAL & ORDINAL NUMERALS

Care must be taken when dealing with numbers in Russian since they affect the words following them in a variety of ways. In this section we will consider: 1) CARDINAL NUMERALS in the nominative; 2) CARDINAL NUMERALS in all other cases; 3) ORDINAL NUMERALS.

1. CARDINAL NUMERALS IN NOMINATIVE

CASE ENDINGS

We can draw three distinctions:

ONE

This *NUMERAL* behaves, as it were, like an adjective: it agrees in gender with the adjective and noun to which it refers:

Один новый стол. One new table.
Одна новая книга. One new book.
Одно новое окно. One new window.

N	один/одно́	одна́
A	один/одно́(одного́)	одну́
G	одного́	одно́й
D	одному́	одно́й
I	одни́м	одно́й
P	одно́м	одно́й

N	два	две
A	два(двух)	две(двух)
G	двух	двух
D	двум	двум
I	двумя́	двумя́
P	двух	двух

TWO, THREE, FOUR

These *CARDINAL NUMERALS* require:
a) when followed by **MASCULINE OR NEUTER NOUN:** *GENITIVE PLURAL OF ADJECTIVE+GENITIVE SINGULAR OF NOUN.*
b) when followed by **FEMININE NOUN:** *NOMINATIVE OR GENITIVE PLURAL OF ADJECTIVE+GENITIVE SINGULAR OF NOUN.*

Два новых стола/окна.
Two new tables/windows.
Две новые парты.
Two new desks.

N	три	четы́ре
A	три(трёх)	четы́ре(четырёх)
G	трёх	четырёх
D	трём	четырём
I	тремя́	четырьмя́
P	трёх	четырёх

N	пять	пятна́дцать
A	пять	пятна́дцать
G	пяти́	пятна́дцати
D	пяти́	пятна́дцати
I	пятью́	пятна́дцатью
P	пяти́	пятна́дцати

FIVE ONWARDS (but not compounds of 1,2,3,4)

All these *NUMERALS* require *GENITIVE PLURAL OF BOTH ADJECTIVE AND NOUN.*

Пять новых столов/книг/окон.
Five new tables/books/windows.

N	пятьдеся́т	сто	со́рок
A	пятьдеся́т	сто	со́рок
G	пяти́десяти	ста	сорока́
D	пяти́десяти	ста	сорока́
I	пятью́десятью	ста	сорока́
P	пяти́десяти	ста	сорока́

Note:

a) In Russian *COMPOUND NUMERALS* it is the last element which determines the case of following words; thus in 234,567 it is 7 which will determine the case of following nouns and adjectives.

b) Note the form of the HUNDREDS:
200: двести; 300: триста;
400: четыреста; 500: пятьсот;
600: шестьсот; 700: семьсот; etc.

c) THOUSAND (тысяча) and MILLION (миллион) are both standard nouns followed by the GENITIVE PLURAL of both adjective and noun.

N	двести	триста
A	двести	триста
G	двухсот	трёхсот
D	двумстам	трёмстам
I	двумястами	тремястами
P	двухстах	трёхстах

N	четыреста	пятьсот
A	четыреста	пятьсот
G	четырёхсот	пятисот
D	четырёмстам	пятистам
I	четырмьястами	пятьюстами
P	четырёхстах	пятистах

2. CARDINAL NUMERALS IN OTHER CASES

NUMERALS have case endings like adjectives and nouns. Apart from the INANIMATE ACCUSATIVE, which is invariable, if a *NUMERAL* is in an inflected case:

a) All the elements of a *COMPOUND NUMERAL* decline;

b) The words following it are always in same the case as the *NUMERAL*, and take plural endings (except after **ONE**):

Я вижу одну девушку.

I see one girl.

К трём большим милиционерам.

Towards 3 big policemen.

Около двадцати двух новых городов.

Approximately 22 new towns.

С четырьмя ножами/бутылками.

With 4 knives/bottles.

USE OF CARDINAL NUMERALS IN THE ANIMATE ACCUSATIVE

As illustrated in the preceding tables, **ONE**, **TWO**, **THREE** and **FOUR** have separate *ANIMATE ACCUSATIVE* forms, which are used with *ANIMATE NOUNS* in a direct object position:

Я вижу одного мальчика.

I see one boy.

Он знает трёх студентов.

He knows 3 students.

Мы встретили двух англичан[ок].

We met 2 Englishmen/Englishwomen.

Мы часто видим этих двух актёров.

We often see these two actors.

The *ANIMATE ACCUSATIVE* is used only for **ONE**, **TWO**, **THREE** and **FOUR** on their own and for *COMPOUND NUMERALS* ending in **ONE**; it is **not** used for *COMPOUND NUMERALS* ending in **TWO**, **THREE**, **FOUR** or for numerals **FIVE** onwards:

Мы встретили двадцать одного студента.

We met 21 students.

Мы встретили тридцать два студента.

We met 32 students.

Я вижу пять мальчиков.

I see 5 boys.

Note:

a) The following *COLLECTIVE NUMERALS* exist: **двое; трое; четверо.** They are used: i) with **нас/вас/их: Нас было четверо** (there were 4 of us); ii) with nouns that exist in the plural only: **двое часов** (2 clocks); **трое ножниц** (3 pairs of scissors); **трое суток** (3 days).

b) Russian can form *ADJECTIVAL NUMERALS* from *NUMERALS*: **двенадцатилетняя девушка** (12-year old girl); **двухэтажный дом** (two-storey house).

c) With numerals, **человек[а]** is always used to translate 'people': **пять человек** (5 people); **сто сорок три человека** (143 people).

3. ORDINAL NUMERALS

1st	–	пе́рвый	17th	–	семна́дцатый
2nd	–	второ́й	18th	–	восемна́дцатый
3rd	–	тре́тий	19th	–	девятна́дцатый
4th	–	четвёртый	20th	–	двадца́тый
5th	–	пя́тый	21st	–	двадцать пе́рвый
6th	–	шесто́й	30th	–	тридца́тый
7th	–	седьмо́й	40th	–	сороково́й
8th	–	восьмо́й	50th	–	пятидеся́тый
9th	–	девя́тый	60th	–	шестидеся́тый
10th	–	деся́тый	70th	–	семидеся́тый
11th	–	оди́ннадцатый	80th	–	восьмидеся́тый
12th	–	двена́дцатый	90th	–	девяно́стый
13th	–	трина́дцатый	100th	–	со́тый
14th	–	четы́рнадцатый	1000th	–	ты́сячный
15th	–	пятна́дцатый	2000th	–	двухты́сячный
16th	–	шестна́дцатый			

ORDINAL NUMERALS behave like *ADJECTIVES*, with only **THIRD** being irregular:

N	третий/третье	третья	третьи
A	третий(третьего)/третье	третью	третьи(третьих)
G	третьего	третьей	третьих
D	третьему	третьей	третьим
I	третьим	третьей	третьими
P	третьем	третьей	третьих

In the case of *COMPOUND ORDINALS* only the **last element** of the *NUMERAL* is actually an *ORDINAL*:

21st	–	двадцать первый;
110th	–	сто десятый

Note:

a) Remember the use of *NUMERALS* in dates:

тридцать первое октября	тридцать первого октября
31st October	on 31st October

Сегодня девятое мая, тысяча девятьсот восемьдесят девятого года.
Today is 9th May 1989.

В тысяча девятьсот восемьдесят девятом году.

In 1989.

b)   Fractions, decimals, etc. are formed as follows:

1½	= полтора/полторы		1¾	= одна целая, три четвёртых
½	= половина		2½	= два с половиной
¼	= четверть		3¼	= три с четвертью
¾	= три четверти		⅔	= две трети
⅓	= треть		1,7	= одна целая, три десятых

5,456 = 5 целых четыреста пятьдесят шесть тысячных

УПРАЖНЕНИЯ

а)   Перепишите слова в скобках, в правильной падежной форме:

1.   В результате землетрясения одна семья лишилась (четыре члена).

2.   За последние три года мы страдали от (шесть стихийных бедствий).

3.   Журналист подошёл к (все три отряда спасателей).

4.   Врачи получили запасы крови от (двадцать две станции переливания крови).

5.   Он хочет рассказать о (одна трагедия), которая особенно повлияла на его жизнь.

6.   Он увидел (два русских специалиста) и (три английские медсестры).

7.   Врач отправил в больницу (двадцать два мальчика), которые пострадали в аварии.

8.   В трагедии они потеряли (четыре маленькие собаки и три большие кошки).

б)   Переведите на русский язык. Напишите все цифры словами:

1.   The earthquake occurred on April 26th 1989.

2.   After the tragedy firemen found a four-year old child.

3.   At the beginning of 1990 the 110th blood transfusion station began work.

4.   A rescue worker always has two watches and three pairs of scissors, just in case!

5.   The twentieth group of builders arrived with ten specialists and materials that cost 5.45 million roubles.

в)   Арифметика! Перепишите следующие упражнения словами:

Образец: ½ + ¼ = ¾   половина плюс четверть будет три четверти

1.   ¾ + ½ = 1¼   3.   ⅓ + ⅓ = ⅔

2.   ¼ + ¾ = 1   4.   1¼ − ¾ = ½

Часть вторая: ПРАКТИКА

Текст 1: СООБЩАЮТ ПРЕСС АГЕНТСТВА

ЖЕРТВЫ НАВОДНЕНИЯ

Проливные дожди и вызванное ими наводнение стоили жизни 59 жителей северной Индии. Пострадали больше трёх тысяч селений, расположенных в густонаселённом районе города Варанаси. Затоплено 300 тысяч гектаров полей. Об этом сообщает Рейтер.

ЖИЛЬЁ ДЛЯ БЕЗДОМНЫХ

Как сообщает Рейтер из Мексики, здесь до сих пор видны последствия землетрясения 19 сентября, когда погибли восемь тысяч человек и пол-миллиона людей остались без крова.

Несмотря на широкую международную помощь и внутренние программы, до сих пор свыше 40 тысяч человек вынуждены жить в палаточных лагерях или возле руин своих домов. Министр строительства Мексики заявил, что все 15 тысяч семей пострадавших от землетрясения получат новые квартиры.

БУЙСТВО СТИХИИ

По меньшей мере два человека погибли в результате вызванного проливными дождями сильного наводнения близ города Сан-Антонио (США).

Бурный поток затопил автофургон и следовавший за ним автобус с детьми, которые возвращались из летнего лагеря. Спасательные операции с использованием санитарных вертолётов продолжались несколько часов. Восемь человек пропали без вести. Их поиски продолжаются, сообщает Рейтер. Ущерб от наводнения оценивается в 100 миллионов долларов.

НА УЛИЦАХ СЕУЛА

Ещё раз надо сообщать о разбушевавшейся природной стихии, на этот раз в Южной Корее. Тропические ливневые дожди, сопровождаемые ураганным ветром, обрушились на густонаселённые районы страны. В самой столице выпало более 220 миллиметров осадков. Согласно официальным данным, погибли 28 человек, 15 получили ранения и 14 считаются пропавшими без вести.

ПРОТИВ СТИХИИ

Трансконтинентальный автопробег из Риги во Владивосток («Европа-Азия») сделал невынуждённую остановку в Читинской области: дальнейшему продвижению помешало небывалое в здешних местах наводнение. За два месяца почти непрерывных дождей (этим летом здесь выпало три годовые нормы осадков) народному хозяйству края по данным коммиссии по борьбе со стихийными бедствиями, нанесён ущерб в 115 миллионов рублей. В результате паводков и смерчей разрушено 2445 жилых домов, 130 мостов, 3250 километров электропередачи, 3110 километров дорог общего и хозяйственного пользования. Затоплены 13 районов, 180 тысяч гектаров сельскохозяйственных угодий, угольные разрезы, временно прекращена добыча цветных металлов на ряде приисков объединения «Заббайкалзолото». Из района наводнения эвакуировано 7427 жителей.

А.   Вы журналист. На основе предыдущих сообщений пресс агенств, напишите короткую статью (не больше 100 слов) о последствиях сильных дождей, которые последнее время выпали в некоторых странах мира.

Б.   Переведите на английский язык отрывок «Жильё для бездомных».

В.   Объясните по-русски значение следующих слов:

1. густонаселённый
2. международный
3. руины

4. ураган
5. норма
6. эвакуировать

Г.   Переведите на русский язык:

1. The hurricane cost 40 lives and 200 acres of fields were flooded.
2. During the earthquake 2,500 people perished and 15,000 were seriously injured.
3. The flooding of the village was the result of heavy rain which lasted 3 days without interruption.
4. The damage from the earthquake is estimated at 500 million roubles.
5. Three times the average yearly rainfall fell in Korea this autumn and 20,000 inhabitants of the capital Seoul have been evacuated.
6. The rescue operation used helicopters and lasted four days, but 22 people are still missing.

Д.

a)   Прослушайте следующий отрывок из «Последних известий» и ответьте на вопросы по-английски:

1. When exactly did the cyclone hit the Penza and Ulyanov regions?
2. How much rain fell during the cyclone?
3. What installations were damaged during the cyclone?
4. When the reporter tried to ring Penza, why was it not possible to talk to the leaders of the regional committee?
5. How were the 62 Ulyanovsk farmers affected by the cyclone?
6. How much longer is the cyclone expected to last in Povolzh'ye?
7. What effect is the cyclone expected to have once it reaches the Urals?
8. How will the weather be affected in Central Asia?

б) Прослушайте отрывок ещё раз. Запишите главные пункты, потом перескажите его содержание (100 слов).

Текст 2:   ПОДВИГ В ЯПОНСКОМ МОРЕ

Объявили награждение орденами и медалями СССР особо отличившихся участников спасательных операций во время пожара на теплоходе «Туркмения». Глухой ноябрьской ночью в открытом море на пассажирском теплоходе «Туркмения» возник пожар. По тревоге поднялись все береговые спасательные службы, заторопились к месту бедствия все находившиеся по близости суда. Но гораздо быстрее распространялся по теплоходу огонь, не оставляя молодому капитану надежды на немедленную помощь извне. Большая ответственность легла на плечи моряков: на аварийном судне, ничего не подозревая, спали или готовились ко сну три сотни ребятишек. Вместе со старшеклассниками на горящем теплоходе оказалось множество малышей.

Команда бросилась спасать детей. С материнской осторожностью поднимали полусонных детей, выводили их на палубу, вновь и вновь проверяли каюты. Палубная команда с небывалой оперативностью спустила за борт все шлюпки. Буквально через двадцать минут после объявления пожарной тревоги шлюпки, заполненные ребятишками, отошли от «Туркмении». Третий помощник капитана успел связать шлюпки, чтобы их не разбросало в неспокойном море. А в них матросы не давали приунуть растерянным пассажирам.

Самый напряжённый момент был когда отказали пожарные насосы. Тогда электромеханик Г. Ковалёв, обмотавшись мокрыми тряпками, пробрался к дизелям, запустил насос охлаждения главных двигателей. Ковалёв возглавил список награждённых. Специалисты также отмечают действия команды траулера «Важгорск». Он первый подоспел, швартовался к каждой шлюпке сам и сумел разместить триста терпящих бедствие в своих скромных помещениях, рассчитанных на три десятка моряков. И вовремя: через полтора часа начался шторм.

Крен спасаемого теплохода становился критическим, по скользким палубам невозможно было ходить. Руководителям операции пришлось принять трудное решение: прекратить борьбу с огнём. Спасательные работы на ещё горящем судне закончились лишь в порту. «Туркмения» потом была приведена в Золотой Рог, где, по-видимому, навсегда останется у причала: возник проект превращения судна в плавучую гостиницу.

Минувший год омрачен для пассажирского флота нашей страны. Два судна утонули. Третье, хотя и уцелело, в море не вернётся. Океан есть океан, зона повышенной опасности. И всегда здесь будет в чести отвага, высокий профессионализм и находчивость.

A. Ответьте на вопросы:

1. What brave deed is reported here?
2. Why was the ship's captain unable to wait until help arrived?
3. What were the five main stages of the evacuation?
4. What was the worst moment during the rescue operation?
5. Why was G.Kovalyov singled out for particular praise?
6. What role did the trawler 'Vazhgorsk' play in the rescue operation?
7. What will happen now to the 'Turkmeniya'?
8. What conclusions are drawn by the author of the article?

Б. Найдите в тексте слова, которые соответствуют
следующим определениям:

1. Группа рабочих или спортсменов (абз.2).
2. Почти спит, или почти проснулся (абз.2).
3. Там, где можно стоять на судне (абз.2).
4. Не сухой (абз.3).
5. Рыболовное судно (абз.3).
6. Стоять во главе (абз.3).
7. Погибнуть в катастрофе в море (абз.5).
8. Водное пространство (абз.5).

В. Осторожно! В следующем отрывке из статьи несколько слов заменено
синонимами. Прослушайте отрывок внимательно и найдите их, потом
прослушайте последний раз и запишите правильные слова.

Самый напряжённый момент был когда сломались пожарные насосы. Тогда
электромеханик Г. Ковалёв, обмотавшись сырыми тряпками, пробрался
к моторам, запустил насос охлаждения главных двигателей. Ковалёв
возглавил группу награждённых. Специалисты также отмечают действия
моряков траулера «Важгорск». Он первый подоспел, швартовался ко всем
шлюпкам сам и сумел разместить триста терпящих бедствие в своих
небольших помещениях, рассчитанных на три десятка матросов. И вовремя:
через полтора часа начался шторм.

Крен спасаемого парохода становился критическим, по мокрым палубам
невозможно было ходить. Руководителям операции надо было принять трудное
решение: прекратить борьбу с пожаром. Спасательные работы на ещё горящем
судне кончились лишь в порту. «Туркмения» потом была приведена в
Золотой Рог, где, кажется, навсегда останется у причала: возник
проект превращения судна в плавучую гостиницу.

Г.   Выберите себе партнёра и разыграйте по ролям! Один из вас должен играть роль пассажира на «Туркмении», другой журналиста, который хочет взять интервью у пострадавших по их возвращению в порт. Запишите несколько пунктов, потом разыграйте по ролям.

Д.   Переведите на русский язык :

1.   The tensest moment was when fire broke out — there was panic!
2.   The past year has been a bad one for this country's fishermen.
3.   All vessels in the vicinity hurried to the scene of the accident.
4.   The engineer had time to wrap up the cooling pump with wet rags.
5.   Enormous responsibility lay on the shoulders of the young members of the crew.
6.   The tug 'Abramov' was the first to arrive, moving at unheard of speed.
7.   The alarm sounded just in time - a storm began half an hour later.
8.   One ship sank in spite of the efforts of the shore-based rescue services.

Е.   Вы моряк на траулере «Важгорск». Напишите письмо домой, рассказывая о том, что случилось той ноябрьской ночью. (150 слов)

Текст 3:   КРУШЕНИЕ НА ЖЕЛЕЗНОЙ ДОРОГЕ

Бологое (Калининская область), 17 августа. Во время продолжительного периода усиленной жары и засухи, на перегоне между станциями Березайка-Поплавенец Октябрьской железной дороги 16 августа в 18 часов 34 минуты произошло крушение пассажирского поезда. Имеются человеческие жертвы.

По предложению специалистов, скорый пассажирский поезд «Аврора», следовавший из Ленинграда в Москву, сошёл с рельсов. В результате возник пожар в вагоне-ресторане. Огонь моментально перекинулся на соседние вагоны, охватив почти весь состав.

Из-за трудных дорожных условий пожарные машины города не могли пробиться к месту бедствия. Когда прибыл пожарный поезд в борьбе с огнём быстро иссякли запасы воды. Только после их пополнения удалось справиться с бушевавшим пламенем.

Первый заместитель министра путей сообщения СССР В. Гинько сообщил, что точное число жертв пока не установлено. Пострадавшим оказана экстренная медицинская помощь. Причины катастрофы расследуются, компетентное заключение происшествию даст правительственная комиссия.

Железнодорожниками были приняты необходимые меры для восстановления движения поездов на вышедшем из строя участке дороги. Оно было открыто здесь уже 17 августа, в 10 часов 30 минут. Следование пассажирских составов не прекращалось, они были пущены по обходным путям. Дополнительно было сформировано два пассажирских состава. В Главном управлении по безопасности движения сообщили, что предварительно установлено следующее: ещё за сутки до катастрофы по этому участку дороги прошёл путеизмерительный вагон, которым было отмечено отступление от норм содержания рельсевой колеи для скоростных участков, может быть из-за исключительно жаркой и сухой погоды. В связи с этим открытием было выдано ограничение скорости до 60 километров в час. Однако работники Бологовской дистанции пути указанное предупреждение об ограничении скорости не выдавали, и поезда следовали по дефектному участку с большой скоростью.

Пострадавшие доставлялись в железнодорожную больницу станции Бологое, в центральную районную больницу, медицинские учреждения Вышнего Волочка. Из Москвы, Ленинграда и Калинина прибыли хирурги, другие квалифицированные специалисты. В больнице сейчас находятся 106 человек, из них 23 ребёнка. Дело, к сожалению, не ограничилось обгоревшими вагонами, тем, что на 14 часов было полностью перекрыто движение. Пострадали люди. Вчера в 18.00 число жертв составило 24 человека.

Рассказывает председатель Калининского облисполкома В. Суслов – Наша основная задача сейчас – максимальное внимание к пострадавшим, их родственникам, которые начали приезжать в Бологое. В горкоме партии и горисполкоме установлены круглосуточные дежурства у телефонов : 2-23-86 и 2-32-88. Не смолкают звонки людей, встревоженных судьбой своих близких.

А. **Прочитав внимательно текст, на следующие утверждения ответьте «да» или «нет»:**

1. Благодаря тому, что авария произошла рано вечером никто не пострадал.

2. Последствия аварии были намного серьёзнее, чем ожидалось бы, потому, что поезд загорелся.

3. Отряды спасателей быстро справились с катастрофой.

4. До сих пор невозможно сказать окончательно сколько человек погибло.

5. Трагедией занимаются на самом высоком уровне в стране.

6. Чуть ли не двое суток была закрыта эта часть железной дороги.

7. Трагедию можно было предсказать.

8. Судя по информации, можно предположить, что авария случилась не из-за человеческой ошибки.

9. К счастью хватало медицинского персонала в окрестностях катастрофы.

10. Местные власти оказывают всевозможную помощь жертвам бедствия.

Найдите в тексте синонимы следующих слов:

1. путь (абз.1)   4. объявить (абз.4)
2. авария (абз.1)   5. быстрота (абз.5)
3. эксперт (абз.2)   6. самый большой (абз.7)

В.   Прослушайте свидетельские показания двух пассажиров на поезде. Запишите главные пункты и сравните свои записки с записками партнёра. Затем перескажите вкратце содержание свидетельских показаний учителю.

Г.   «Последние известия». Прослушайте 5 отрывков из передачи новостей по радио. Перескажите их содержание по-английски.

Д.   Переведите на русский язык:

It is reported that there are casualties after a serious rail crash on the main line from the capital to the north coast. An express train came off the rails after crossing a bridge which, preliminary findings suggest, was damaged during the recent bad weather. Rescue teams are on their way to the scene of the crash, but no figure for casualties has yet been established. Ambulances will take the injured to the main regional hospital. The following 24-hour telephone numbers have been set up for people concerned about friends and relatives: 686-54-30 and 686-12-35.

Е.   Обсудите с партнёром! Как лучше и безопаснее путешествовать? На каком виде транспорта вы предпочитаете ездить, и почему? Потом, обсудив с другими членами группы, напишите отчёт (150 слов).

Текст 4: СТИХИЯ НЕ ОТСТУПАЕТ

Батуми, 25 апреля. Седьмой день продолжается буйство стихии в горах Аджарии и приносит всё новые жертвы и разрушения. За последние дни обнаружено ещё несколько тел погибших. А всего их число уже достигло 29. Урон, нанесённый народному хозяйству, превысил 40 миллионов рублей.

Тысячи людей остались без крова. Часть из них нашла временный приют в санаториях и домах отдыха, у близких и родственников. Свыше трёх тысяч семей уже переселены в различные районы республики, где им создают все условия для нормальной жизни. В ближайшие дни предстоит переселить из особо опасных зон ещё около восьми тысяч человек. По прогнозам геологов, положение остаётся экстремальным, потоки могут в любое время вновь перейти в атаку.

Для эвакуации людей мобилизованы все средства. Большую помощь оказывают военные, которые вывозят население на вертолётах.

– При расселении пострадавших от стихийных бедствий учитываются их пожелания в выборе нового места жительства, – сказал первый секретарь Аджарского обкома партии Г. Эмиридзе. – Учитывая их просьбы, планируется построить для бывших односельчан в разных районах республики до двадцати новых сел, где параллельно с жилыми домами будут возводиться все необходимые объекты социально-культурного назначения. Правительство грузинской ССР выделило для этого необходимые средства, стройматериалы, технику.

Трагедия в горах Аджарии никого не оставила равнодушным. Организации и частные лица со всей страны предлагают свою помощь, перечисляют деньги на специальный счёт, открытый в Жилсоцбанке Аджарской АССР.

Сегодня в Батуми прибыли первые грузы из Армении. Это – помощь от трудового коллектива Алавердского горнометаллургического комбината, – говорит заместитель председателя профкома комбината Артак Абгарян. – Узнав о бедствии в Аджарии, наш коллектив решил перечислить в фонд помощи пострадавшим 20 тысяч рублей, помочь им продовольствием, предметами первой необходимости. Мы никогда не забудем помощь трудящихся Грузии во время трагедии в Армении. Мы обязаны помогать друг другу, быть вместе в радости и в горе.

А.   Ответьте на следующие вопросы по-русски:

1.   Когда началась плохая погода в горах Аджарии?
2.   Какие её главные последствия?
3.   Где живут сейчас люди, потерявшие свои дома из-за стихийного бедствия?
4.   Надо ли всё ещё беспокоиться о погоде?
5.   Как решают, куда эвакуировать людей?
6.   «Нет худа без добра», говорят. Какими могут быть хорошие последствия буйства стихии?
7.   Какую помощь оказали пострадавшим в Аджарии?
8.   Почему трудящиеся Армении особенно хотели помочь?

Б.   Найдите в тексте синонимы, которыми в правильной форме можно заменить подчёркнутые слова в следующих предложениях:

1.   Спасатели нашли тела мёртвых через два дня после трагедии. (абз.1)
2.   Власти вынуждены были принять крайние меры по предотвращению дальнейших катастроф. (абз.2)

3. Без помощи <u>солдат</u> мы не могли бы спасти их. (абз.3)
4. Отряды спасателей скоро <u>приехали</u> на место происшествия. (абз.6)
5. Строители <u>должны</u> работать вместе со всеми специалистами. (абз.6)

В. Объясните по-русски значение следующих слов:

1. жертва   3. опасный   5. равнодушный
2. временный   4. помощь   6. трагедия

Г. Прослушайте следующую передачу по радио о землетрясении.

а) Ответьте на вопросы по-английски:

1. On what day and at what time did the earthquake occur?
2. What was the recorded strength of the earthquake?
3. What was the immediate effect of the earthquake on city life?
4. Where was the epicentre situated?
5. How far away was the shock felt?
6. What human casualties were there?
7. Name three things that happened as a result of the earthquake.
8. What reason was given for the earthquake?

б) Перескажите содержание последней части передачи по-английски
    (40—50 слов).

Д. Выберите себе партнёра и обсудите самое страшное стихийное бедствие,
    которое вы когда-либо пережили или о котором вы когда-либо слышали.
    Сравните ваши впечатления с другими членами группы.

Е. Напишите сочинение на одну из следующих тем (около 250 слов):

а) Однажды, я чуть ли не перестал любить природу ...
б) Новая трагедия в нашем районе!
в) Как лучше помогать жертвам катастрофы?

Ж. Прочитайте и обсудите:

    Какие конкретные беды и опасности предвидят в будущем читатели нашей
страны? Наиболее реальна, по мнению 85 процентов из них, угроза
крупномасштабных технических аварий с катастрофическими последствиями.

Доля тех, кто считает это невозможным или маловероятным, составляет всего 2,6 процента. Если рассматривать социальный аспект ожиданий, то на первом месте (70 процентов) стоит возможность конфликтов на национальной почве. Следующая по серьёзности оказывается угроза всеобщего или необратимого экологического кризиса (50 процентов всех ответов). В письмах, дополняющих анкету, приводятся многочисленные свидетельства резкого ухудшения экологической обстановки в различных регионах страны, например, в Поволжье и Прибалтике, в Сибири, на Урале. Столь же серьёзно беспокоит людей перспектива хозяйственных неурядиц и массовых эпидемий (по 40 процентов).

Возврат к массовым репрессиям в наше время полагают невозможным 34,5 процента, маловероятным - 36 процентов, а 10 процентов не исключают такой возможности.

Вероятность природных катастроф читатели оценивают необычайно высоко - 76,2 процента из них допускают, что это вскоре может случиться, а противоположного мнения придерживается лишь один процент. Конечно, землетрясение в Армении врезалось в память людей. И как общая беда, и как пример открытого взаимодействия в человеческом мире.

Вопросы к разговору :

1. Какой опрос описывается в статье?
2. Каких социальных бед опасается подавляющее большинство опрошенных?
3. Вы лично согласны с результатами этого опроса?
4. По вашему мнению, какими были бы результаты подобного опроса в Англии?
5. Как вы считаете, опросы - надёжные индикаторы общественного мнения?

Chapter 6
ГОРОД И ДЕРЕВНЯ

Часть первая: ТЕОРИЯ

ТАКОВА ЖИЗНЬ!

Дома. Пять часов дня. В гостиной идёт типичный семейный разговор.

Ира	Мама, ты меня подвезёшь в клуб сегодня вечером?
Мама	Сегодня вечером? Мне некогда. Я занята. Я должна зайти к бабушке. Она больна.
Ира	Ну, в таком случае я пойду пешком.
Мама	Ирочка, тебе не с кем пойти, а ты молода, чтобы пойти туда одна. Дорога в город длинна. К тому же темно будет.
Ира	Мама! Ты никогда не разрешаешь мне...
	(*Входит брат, Алёша*)
Алёша	Что с тобой? Кажется, ты чем-то недовольна.
Ира	Никто не хочет подвезти меня в клуб сегодня вечером.
Мама	Вот что неправда! Я с удовольствием подвезла бы тебя туда, только сегодня вечером я не свободна.
Алёша	Ничего, Ирочка. Я готов подвезти тебя на мотоцикле.
Мама	Нет, ни в коем случае. Слишком опасно.
Алёша	Что ты говоришь, мамочка! Ведь я очень осторожно езжу! ... Ну, скажи, ты согласна, да?
Мама	Да, нет ...
	(*Входит папа, видит недовольные выражения лиц*)
Папа	Ну, вижу, что вы все очень рады моему приезду. В чём дело?
Ира	Мама запретила мне пойти в клуб сегодня вечером.
Алёша	... и мне подвезти её туда.
Мама	Вот полуправда! Никому я не запрещала! Как вы похожи друг на друга! Какие у нас дети! Они меня с ума сведут!
Папа	Ну вот... тут вопрос более или менее ясен. Насколько я понимаю, Ирочка хочет сегодня вечером в клуб. Мама не хочет, чтобы она пошла туда одна, что вполне понятно. Значит, не на что пожаловаться.
Ира	Если бы только мы жили в городе!
Папа	Слушай, Ирочка, мы живём в деревне, потому что здесь тихо, чисто, здорово ... здесь жизнь спокойна.
Ира	(*кричит*) Не справедливо то, что ...
Алёша	(*зевает*) Вот какая у нас спокойная жизнь.
Папа	Не волнуйся, Ира, я тебя подвезу.
Мама	Но машина мне нужна сегодня вечером...
Папа	Не беспокойся, Верочка, я тебя подвезу по пути в город.

a) LONG & SHORT FORM ADJECTIVES

Most Russian adjectives have two types of ending – a 'LONG' form, with which you are already familiar, and a 'SHORT' form. A typical set of short form endings is:

новый: Masc. нов   Fem. нова   Neut. ново   Plur. новы

The good news is that the short form exists in the *NOMINATIVE ONLY!* Note too that the *SHORT* form of the *NEUTER ADJECTIVE* is, of course, also the *ADVERB*. Where an adjective has both *LONG* and *SHORT* forms, the principle is that the *LONG* form will usually be found in an *ATTRIBUTIVE* position (mainly in front of the noun: '*this is a new car*') and the *SHORT* form in a *PREDICATIVE* position (mainly after the noun: '*this car is new*'), and often when the adjective is the last word in a phrase or sentence – but see also 3 below). However, in modern conversational Russian the *LONG* form is very often used everywhere and the *SHORT* form hardly at all. As a rule of thumb you would expect to use the *LONG* form almost always, since there are only a few occasions on which the *SHORT* form is compulsory for correct Russian.

SHORT FORM

1. With рад (happy) – this is the only common adjective without a *LONG* form (for *ATTRIBUTIVE* use радостный).

2. To suggest 'too big, small' etc:
Эти брюки малы.
These trousers are too small.
Этот свитер широк.
This sweater is too wide.
(Also: узок [narrow]; молод [young]; длинен [long]; короток [short] велик [big].)

3. When the adjective is followed by an *INFINITIVE*, ЧТОБЫ, a *PREPOSITION*, a *NOUN* or *PRONOUN* in an oblique case:
Я готов пойти с тобой.
I'm ready to go with you.
Они согласны сделать это.
They're prepared to do this.
Она молода, чтобы пойти одна.
She's too young to go on her own.
Она похожа на отца.
She's like her father.
Они согласны с вами.
They agree with you.
Он доволен нашей работой.
He's pleased with our work.

LONG FORM

1. With adjectives which have no *SHORT* form:
ORDINAL NUMERALS; ADJECTIVES ENDING IN: –ский; –ний; –яный; –янный; –аный; –анный.
ADJECTIVES OF COLOUR AND SUBSTANCE: железный [iron]; красный [red], etc.

2. On occasions where the sense of 'a...one' is needed:
Мой велосипед нов.
My bicycle is new.
Мой велосипед новый.
My bicycle is a new one.

Note: The *SHORT* form tends to be used in general statements and definitions:
Счастье изменчиво.
Happiness is fickle.
Some adjectives differ in meaning between *LONG* and *SHORT* forms when used predicatively:
больной = an invalid;
болен = ill;
правый = right-wing;
прав = right, correct.

Ь) NEGATIVES

When dealing with NEGATIVE sentences in Russian, a distinction must be drawn between two types of construction:

НИКТО/НИЧТО/НИГДЕ/НИКУДА/НИКОГДА
НИКАКОЙ/НИЧЕЙ

НЕ́КТО/НЕ́ЧТО/НЕ́ГДЕ/НЕ́КУДА/
НЕ́КОГДА

The majority of NEGATIVE constructions you need will use these words.

1. никто/ничто/никакой/ничей
These negatives decline like кто/что/какой/чей. Note:
a) The ACCUSATIVE of ничто is usually ничего, unless governed by an ACCUSATIVE preposition. (see below, 4).
b) никакой is used to stress negations:
Я никакому учителю не сказал!
I didn't tell any teacher!
c) ничей means no-one's:
Дима ничьим карандашом не писал.
Dima didn't write with anyone's pen.

2. никогда/нигде/никуда
These negatives, like когда/где/куда, are indeclinable.

3. If these negatives are used with a a verb, the particle не is ALWAYS added before the verb:
Он никого не знает. He knows no-one.

4. When a preposition is used with these words, it splits them up, the resulting parts being written separately:
Он ни на что не жалуется.
He doesn't complain about anything.
Ни у кого нет денег.
No-one has any money.

5. Where there is a series of negatives, all come before the verb:
Лена никогда ничего не делает.
Lena never does anything.

1. These words are mainly used to convey the English construction There is nothing/no-one/nowhere + for me (etc.) + INFINITIVE. The INFINITIVE is the vital clue here. To render this in Russian you need, for example: негде + DATIVE + INFINITIVE:
Ивану негде работать.
Ivan has nowhere to work.

A second не is not needed.

The dative pronoun is often left out: Негде было стоять
There was nowhere to stand.

2. To use in the PAST or FUTURE, add было or будет:
Ивану негде было работать.
Ivan had nowhere to work.

3. When a preposition is used with these words it splits them up; the resulting three parts are written separately, with the stress on the не́:
Мне не́ с кем говорить.
I've got no-one to talk to.

4. Некто/нечто decline like кто/что. Their ACCUSATIVE is the same as their GENITIVE, unless governed by an ACCUSATIVE preposition:
Ей некого спросить.
She has no-one to ask.
Ему не́ на что жаловаться
He's got nothing to complain about.

```
Note these useful phrases:

Ни за чтó!                Нé за что.              Мне нéкогда говорить.
No way!                   Don't mention it.      I've no time to talk.


Нéчто вроде торта.        Некто Серов.           Ни в коем случае.
Something like a cake.    A certain Serov.       Under no circumstances.
```

УПРАЖНЕНИЯ:

а)   Закончите диалоги, используя подходящую форму прилагательного:

1.   Вы возьмёте _____ (green) рубашку?
      Нет, она мне _____ (too small).
2.   _____ (New) студенты приедут сегодня вечером?
      Нет, к сожалению они _____ (ill).
3.   Какая _____ (beautiful) кошка. Это ваша кошка, Валя?
      Нет, что вы! Наша кошка _____ (black).
4.   Вот фото моей семьи - мама, папа и брат.
      Какой у тебя _____ (handsome) брат! Он не _____ (like) на тебя!
5.   Много народу в музее сегодня! Это все _____ (foreign) группы?
      Нет, не все. Все туристы вон там, у кассы, _____ (Russian).
6.   Ира, если ты _____(agree), я пойду сейчас в библиотеку.
      Нельзя. По-моему библиотека уже _____ (closed).

б)   Дайте отрицательный ответ на каждый вопрос:

Образец: - Куда вы поедете летом?
           - Я никуда не поеду.

1.   С кем вы идёте на концерт?
2.   У кого есть билет на оперу?
3.   Какие у тебя планы на сегодня вечером?
4.   Когда вы обычно гуляете с собакой?

в)   Ответьте на вопросы, используя материал в скобках.

Образец: - Почему вы не идёте на концерт?   (no-one to go with)
           - Мне не с кем идти.

1.   Почему вы не пишете письмо?   (nothing to write with)
2.   Почему он не жалуется?   (nothing to complain about)
3.   Почему он не звонит тёте?   (no time to ring her)
4.   Почему вы не помогаете на кухне?   (no-one to help)
5.   Почему вы не нервничаете?   (nothing to be nervous about)

- 82 -

Часть вторая: ПРАКТИКА

Текст 1:   КАК ЖИВУТ НА СЕЛЕ

Каждый третий советский человек живёт в сельской местности. Понятие сельского населения неоднозначно: оно включает жителей многолюдных кубанских станиц, уединённых прибалтийских курортов, оленеводческих стойбищ Крайнего Севера. И тем не менее есть общее в проблемах, которые стоят перед людьми, объединёнными в эту категорию. О некоторых из этих проблем рассказал в своём очередном обзоре Государственный комитет СССР по статистике.

За 12 лет (1976-1987) число сельских жителей в трудоспособном возрасте уменьшилось на три с половиной миллиона, то есть на 7 процентов. При этом оно сокращалось в регионах, где есть дефицит в людях, и наоборот росло там, где есть резервы. Наиболее существенные потери сельское население понесло в центре России (почти на четверть), в Белоруссии (на 23 процента), на Украине и в Литве (16 процентов). Главная причина – миграция: её объём превышал естественный прирост сельского населения на 22 процента. Отток был особенно велик в Белоруссии, Казахстане, Молдавии, европейских районах РСФСР.

В чём главные причины сложившегося положения? Огромные средства, которые народное хозяйство выделяло селу, не всегда и не везде использовали эффективно. Ручной труд до сих пор широко распространён: доля занятых им среди женщин особенно велика, поэтому и покидали они село чаще, чем мужчины.

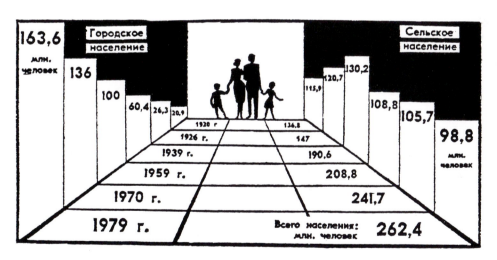

Оказывала влияние на миграционные процессы и слаборазвитая инфраструктура, невысок уровень торгового, бытового, культурного обслуживания на селе. К началу 1988 года из 272,8 тысячи сельских населённых пунктов, каждый третий не имел, например, постоянно работающего магазина. Лишь 39 процентов детей были обеспечены местами в дошкольных учреждениях. Отстала и медицина: 143 тысячи сел, где живёт 13 процентов сельского населения, не имели учреждений здравоохранения. За квалифицированными врачебными услугами многим приходится обращаться в города.

Но при всех сложностях процесс нельзя считать необратимым. В последнее время меняется направленность капитальных вложений на селе: приоритет отдан социальной сфере. Жильё, школы, больницы, магазины, детские сады, клубы, дороги намечено строить ускоренными темпами, чтобы жители села не чувствовали себя ущемлёнными по сравнению с горожанами.

Начинают сказываться и первые результаты экономических реформ. Преодоление отчуждения крестьянина от земли, средств производства, начало менять взгляды людей на жизненные перспективы, побуждает их не покидать родные края. Всё чаще люди возвращаются в село.

А.   Ответьте на вопросы:

1.   Почему трудно говорить о «сельской местности»?
2.   Что объединяет людей, которые живут за городом?
3.   Объясните фразу «дефицит в людях».
4.   Почему можно критиковать народное хозяйство за сложившееся положение?
5.   Какие социальные факторы имеют влияние на миграцию?
6.   В конечном итоге, как относится автор к проблеме, описанной в статье, оптимистически или пессимистически?
7.   Какую роль могут играть экономические реформы?

Б.   Прослушайте отрывок из предыдущего текста и перепишите его, вставляя пропущенные слова (цифры можно написать цифрами!):

Оказывала _____ на миграционные процессы и слаборазвитая _____, невысок _____ торгового, бытового, _____ обслуживания на селе. К началу _____ года из 272,8 тысячи сельских населённых пунктов, каждый третий не имел, _____, постоянно работающего магазина. Лишь 39 процентов _____ были обеспечены местами в _____ учреждениях. Отстала и медицина: _____ тысячи сел, где живёт _____ процентов сельского населения, не имели учреждений _____. За квалифиц-ированными врачебными услугами_____ приходится обращаться в _____.

В.   Объясните значение следующих слов по-русски:

1.   село   4.   ручной труд
2.   многолюдный   5.   постоянный
3.   трудоспособный

Г. Прослушайте следующее интервью между журналистом и народным депутатом, затем напишите ответы на вопросы по-английски. Вы прослушаете интервью два раза:

1. How did villagers used to cope with the absence of a water supply in their village?
2. When did things start to improve?
3. How much did the factory pay for the state farm section?
4. What 'miraculous' things has the factory administration achieved in the villages?
5. What benefits have there been for the factory workers?

Д.   Посмотрите на фотографию и расскажите историю, подсказанную ей (150 слов):

Е.   Переведите на русский язык:

It is difficult to define the concept of urban population, but city dwellers everywhere are faced by the same problems. The number of urban dwellers of working age has increased by 9% in the whole country. The influx into Moscow and Leningrad has been particularly great. Men have left the villages more often than women and the process of migration can be mainly explained by the poorly developed rural infrastructure. However, the first results of social and political reforms are starting to show and migration to the towns cannot be considered permanent.

Текст 2: УЛИЦА — ЛИЦО ГОРОДА

В газетах нередко пишут о названиях наших улиц, городов. Я хочу продолжить разговор на эту тему, основываясь на примерах из жизни моего города — Макеевки.

Даже ничего не зная о Макеевке, приезжий по названиям улиц может многое узнать о наших местах. Заводская улица поведает гостю о мощнейшей металлургической промышленности, улица Забойщика, Шахтёрская и Горная — о наших многочисленных угольных предприятиях. О рельефе нашей местности расскажут Полевая, Степная. Но мне хотелось бы поговорить о некоторых ошибках, промахах в названиях.

Первым делом скажу, что в этом вопросе у нас нет никакой демократии. Кто-то решил, так и назвал. Порой даже не знаем: кто же мог до такого додуматься!

Согласитесь, что, пожалуй, не стоило называть улицу в честь источника тока в автомобиле — Аккумуляторной. Не совсем понятно, зачем в Горняцком районе улица Западный вентилятор! Да и Тибет и Таймыр (следовательно, улицы Тибетская и Таймырская),

как я помню из уроков географии, расположены не очень-то близко от Макеевки. А как понимать переулок Автономный!

Кто-то скажет: старая песенька, наверное, автор хочет всё перевернуть вверх ногами и переименовать. Нет! Пусть даже название улицы в чём-то бессмысленно, но переименовать её без согласия жителей нельзя.

И есть ещё одна проблема — одинаково названные улицы. Ради любопытства я открыл справочник «Макеевка» 1981 года издания и решил подсчитать, сколько же раз у нас повторяются одни и те же названия. Досчитал до ста и бросил это гиблое дело. Например в Советском районе есть две улицы Шевченко, в Горняцком тоже две, по одной в Центрально-городском и Кировском районах. Я люблю и уважаю нашего украинского поэта, но думаю, что нелепо давать его имя сразу шести улицам. Много хлопот с этими повторяющимися улицами и работникам почты и приезжим.

A. Ответьте на вопросы:

1. What can a visitor to Makeevka learn about the town from the street names?

2. What is the author's opinion of the name 'Accumulator Street'?

3. Why does the writer think that 'Tibetskaya Street' and 'Tamirskaya Street' are inappropriately named?

4. Whose opinion should be sought before the street names are changed?

5. What confusion is caused by some of the street names in Makeevka?

Б. Найдите в тексте следующие выражения:

1. I'd like to have a word/say a little... (абз.2)
2. In the first instance... (абз.3)
3. It wasn't worth... (абз.4)
4. It's not entirely clear why... (абз.4)
5. Out of curiosity... (абз.6)

В. Дополните следующие предложения, выбирая подходящее прилагательное из следующих:

бесполезен   гиблым   нелепыми   непонятным   узка

1. Повторяющиеся названия улиц являются _____ .
2. Нельзя здесь проехать. Эта улица _____ .
3. Я считаю название «Автономный» _____ .
4. Предложение переименовать названия улицы мне кажется _____ делом.
5. Такой справочник абсолютно _____ .

Г. Прослушайте следующий диалог между корреспондентом и знаменитым архитектором, Андреем Антоновичем, затем напишите ответы на вопросы. Вы прослушаете диалог два раза.

1. What kind of person is Andrei Antonovich at work?
2. What are his chief aims at work?
3. What does the correspondent suggest Andrei Antonovich's views might be on the building of new flats?
4. What are Andrei Antonovich's feelings about the mixing of old and new architectural styles?
5. What alternative to the toy museum does Andrei Antonovich propose?

Д. Опрос! Узнайте у членов вашей группы:

а) Кто живёт в городе, кто в деревне.
б) Какие преимущества/недостатки городской жизни.
в) Какие преимущества/недостатки деревенской жизни.
г) Как можно/надо улучшить условия в городах нашей страны.
д) Как можно/надо улучшить условия в деревнях нашей страны.

Затем напишите отчёт об их мнении и о своём (150 слов).

Текст 3:   СЕЛЬСКИЙ ДОМ ДЛЯ ГОРОЖАНИНА

Несколько лет назад Свердловский облисполком принял очень важное решение: разрешил покупать горожанам дома в сельской местности.

Прошло время. Но и по сей день лежит под сукном у председателя Сысертского райисполкома заявление о создании дачно-садового кооператива горожан в деревне Токарево. Исполком вроде бы не против, но совхоз «Кадниковский» и сельсовет не дают согласия – земля-то их. «Только через мой труп», – так заявил горожанам, пожелавшим приобрести пустующие дома, председатель исполкома Косулинского сельского совета.

А вот в пригородном районе, расположенном возле Нижнего Тагила, райисполком, наоборот, проявил гибкость и понимание ситуации. Вот об этом у меня и разговор в Белоярском районе, где появились первые кооперативы горожан.

Отдать часть земли «дачникам» – не глупо ли? Давайте на вещи смотреть трезво. Некоторые деревни давно уже выбили из активного землепользования. На бывших приусадебных землях ничего не растёт. В Режике, например, 126 домов, из них 82 давно куплены свердловчанами. Ведь никому Режик не нужен, кроме них! Горожане предложили построить мост через реку, а в Режике, кроме работ по благоустройству, снабжать выращенной продукцией бесплатно детский дом.

Осень в сельской местности – горячее время. Тысячи горожан приезжают собирать урожай. И можно разумно, на взаимовыгодных, договорных началах использовать силы «дачников». Приезжают не только домовладельцы, а тоже семьи – огромная сила. Во многом горожане-дачники оказывают активную помошь.

Режик находится в двенадцати километрах от районного центра. Там небольшой водоём, сосновый лес вокруг, свежий воздух и тишина – идеальные условия для отдыха после утомительной городской недели. Каникулы. Мальчишки и девчонки помогают в меру сил родителям и дедушке в огороде. Вряд ли сегодня здесь, да и в других местах, увидишь «классического» дачника – люди приезжают отдыхать активно, работая на огороде, благоустраивая территорию.

Много сделали горожане в Режике. Отремонтировали медпункт, сделали ремонт в клубе, отрыли колодцы, восстановили обелиск погибшим воинам. Делали в этом году всё, получая от этой работы удовольствие.

А.   Ответьте на вопросы:

1. Какое решение было принято несколько лет назад?
2. Что уже вышло из этого решения?
3. Объясните фразу «смотреть трезво».
4. Почему Режик является идеальным дачным местоположением?
5. Какую помощь приносят горожане сельской местности?

Б. Переведите на английский язык следующий отрывок из текста:

«Режик находится ... от этой работы удовольствие.»

В. Разберитесь! Прочитайте следующие определения и перепишите слова
    в правильном виде:

1. жегоонар   =   люди, которые не живут в деревне
2. коусн   =   что-то похоже на материал, на ткань
3. нйроа   =   место или часть города или страны
4. верызтй   =   состояние, в котором любитель водки редко
                        бывает!
5. жаройу   =   зерно, фрукты и т.д., которые собирают
                        осенью в деревне

Г. Закончите диалог:

Антон   В субботу поедем на дачу!
Оля   Say you haven't got time.
Антон   А ведь надо собрать урожай.
Оля   Say you don't understand anything about gardens and you don't
        like the country.
Антон   Но ведь в данный момент самое важное - это собрать урожай.
Оля   Say he never thinks about anything else, but that someone has
        to clean the flat and do the shopping.
Антон   Ладно. Тогда я уеду в субботу, а ты в воскресенье.
Оля   Say you won't have anyone to go with and you don't like
        travelling on your own.
Антон   Тогда пригласи на дачу Валю ... нам нужно как можно больше
        помощи!
Оля   Say that's a good idea - you'll ring her straight away.

Д. Прослушайте следующие сообщения, затем напишите ответы на
    вопросы. Вы прослушаете каждое сообщение два раза.

1. How many people are waiting for new flats in Karaganda?
2. Why are buildings in this area being damaged?
3. What sort of house do many people want?
4. How much will they have to pay?
5. What facilities already exist on the outskirts of the new microregion?

E. Вы хотели бы жить в городе и тоже иметь сельский дом? Почему/нет? Обсудите с партнёром, потом напишите примерно 150 слов по-русски о том, что вы решили.

Текст 4:   Москва, год 2000-й...

В Москве разработана программа комплексной реконструкции и застройки исторически сложившегося центра города в период до 2000 года. Главная цель реконструкции – сделать центр Москвы средоточием культурных ценностей, накопленных столицей за многовековую историю, а не местом паломничества во всевозможные торговые точки и магазины. Реконструкция заповедной зоны – это и сохранение важнейших общественно-культурных функций столицы, и создание всех необходимых удобств как для проживающих в уже ставших частичками истории домах, так и для служащих и рабочих центральных районов, а также туристов.   Планируют переселить многочисленные конторы из центра в административные здания на периферии.

В последнее время центр Москвы буквально задыхается. И от выхлопных газов в том числе. Поэтому программой предусмотрен ряд мероприятий, направленных на улучшение экологического режима и охрану окружающей среды, разгрузку центра от транспорта, прежде всего грузового, переход на дизельное топливо и газ. Кроме того предстоит ликвидировать устаревшие местные котельные и другие источники загрязнения, выполнить целый ряд действенных мер по борьбе с шумом.

До 2000 года предстоит также основательно облагородить и благоустроить более двух десятков садов, парков и скверов, расположенных внутри Садового кольца. Пришла пора озеленить сотни больших и маленьких двориков. Сегодня они – в крайне запущенном состоянии. Наша задача – сделать так, чтобы в них могли играть дети, отдохнуть пенсионеры.

Что касается жилья, плановики, пользуясь среднестатистическими данными, разрабатывают стратегию жилищного строительства. А конкретная семья и её нужды как-то отходят на второй план. В результате неизбежно возникают потери как на стадии планировки квартир, так и на стадии разработки планов города. И всё потому, что никто не знает с достаточной точностью, сколько, кому и что именно требуется. К решению жилищной проблемы пора пригласить специалистов из разных областей знаний: социологов, гигиенистов, математиков, экологов. Опыт показывает, что старыми методами жилищную проблему не решить. Необходим пересмотр социальной и технологической концепций современного жилища.

A.   Ответьте на вопросы:

1.   What is the main aim in the restoration of the centre of Moscow?
2.   In what way has Moscow suffered in recent years?

3. How is the restoration programme intended to improve this situation?
4. What plans are there to make life more pleasant for young children and senior citizens?
5. What is the result of town planners' using average statistics as the basis for their work?
6. How should planners approach their work?

Б. Переведите следующий отрывок из текста на английский язык:

«В последнее время ... с шумом».

В. Прослушайте следующие сообщения, затем напишите ответы. Вы прослушаете каждое сообщение два раза:

1. What is the size of the average Soviet family?
2. In which parts of the USSR do families rarely have more than 5 members?·
3. What is the situation is Azerbaidzhan, Turkmenia and Armenia?
4. How often is an all-union population census conducted?
5. What will be new about the next census?

Г. Где лучше жить? – в доме или в квартире? Обсудите с партнёром, потом со всей группой. Запишите преимущества и недостатки дома и квартиры в двух списках и потом передайте свои мнения в форме небольшой статьи по-русски (80-100 слов).

Теперь напишите сочинение на одну из следующих тем:

а) Преимущества и недостатки деревенской жизни.
б) Как можно улучшить жизнь в больших городах?

Д. Переведите на русский язык:

Life in our big cities is not always pleasant. In some areas flats and houses are without essential facilities and there are no parks or sports complexes for the local residents. Very often there is nowhere for young people to go in the evening and this sometimes leads to crime and hooliganism. It is clear that a review of town planners' work is very necessary. When they start to pay more attention to the environment — shops, parks, theatres - people will have nothing to complain about.

E.　　Прочитайте и обсудите!

Деревня Полибино стоит на заброшенном старом Смоленском тракте. Трудно и сказать, сколько ей лет. Но скоро, видимо, в её историю будет написана новая страница: деревня пропишется по новому адресу. И причина веская. Рядом с Полибином, в городе Рославле, выстроен химический завод, который повёл себя агрессивно. Болеют дети, недомогают взрослые, перестали расти овощи. Это не жизнь, а выживание. И люди решили переехать в другое место, в заброшенную деревню Никулино. Непросто даётся это решение. Ведь и трудно и больно покидать свою родную деревню, свой дом, свой участок земли. Но самое главное подумать о будущем детей.

　　Вопросы к разговору:

1.　Какое решение приняли жители Полибина?
2.　Опишите влияние химического завода на деревенскую жизнь.
3.　Как вы думаете, почему «и трудно и больно» переехать в другую деревню?

　　Теперь посмотрите и обсудите!

　　Вопросы к разговору:

1.　Каким должен быть городской транспорт?
2.　Нужен ли человеку автомобиль в городе?
3.　Какие проблемы возникают для водителя автомобиля в городе?

Chapter 7
СЧАСТЛИВОГО ПУТИ!

КУДА ПОЕДЕМ?

Друзья встретились в кафе, чтобы поговорить о своих планах на летние каникулы. Как и можно ожидать, мнения расходятся. Они долго сидят за столом, стараясь решить не только *куда* поехать, а *как* поехать туда.

Миша	Что ты, Петя! Ведь никто в наши дни не ездит в такую глушь!
Петя	А мы туда ездили в прошлом году. Уверяю тебя, что это вовсе не глушь. И там красиво! ... Горы, озёра ...
Соня	А я предпочитала бы отдыхать на берегу моря. Поедем на юг!
Миша	Далеко очень. Я помню, как ты всё жаловалась в прошлом году, когда мы ехали в Ялту ... «Ой, как далеко! Когда наконец приедем?»
Соня	Но ведь мы ехали поездом. Итак вот какое у меня предложение: давайте полетим туда.
Петя	Ни за что на свете! Ведь самолёт такой опасный вид транспорта! По-моему лучше всего поехать в горы ... я так люблю лазить по горам!
Соня	А он ещё и говорит, что летать опасно! По-моему лучше всего лежать на пляже, плавать в тёплом море ...
Миша	Нет, на мой взгляд лучше всего активный отдых. Давайте поедем за город на машине, возьмём со собой палатку, ведь я очень люблю жить в палатке, рано вставать каждое утро, бегать по полям.
Соня	Боже, кошмар какой! ... Знаете что ... Сегодня Катя идёт в бюро путешествий. Она сказала, что завтра принесёт в школу брошюры ... Она тоже хочет поехать на берег моря...
Петя	Ага ... а мой брат тоже очень любит лазить по горам... Может быть я поеду с ним. Ведь он тоже терпеть не может летать.
Миша	Мои родители обещали свозить меня в Крым, если хочу ...
	(Официант подходит к столу)
Официант	Вот уже битый час вы здесь сидите, а заказали только четыре кофе. Что ещё я могу вам принести?
Соня	Спасибо, это всё. Мы сейчас уходим... Не правда ли, ребята? Ведь все наши планы на лето уже составлены: я поеду с Катей на берег моря, Петя поедет с братом в любимые свои горы, а Миша поедет с родителями в Крым. Это проще простого!

VERBS OF MOTION 1

Russian has several so-called VERBS OF MOTION, just as English does, depending on whether you wish to say 'to go', 'to run', 'to fly' etc. The principles governing the use of all the VERBS OF MOTION are the same and can be explained using the single example of 'to go on foot'.

SIMPLE (i.e. NON-COMPOUND) VERBS OF MOTION

Unlike the normal Russian verb, which has two forms, the simple *VERBS OF MOTION* have three: two IMPERFECTIVES and one PERFECTIVE: ходить/идти/пойти. When considering which form of a simple *VERB OF MOTION* to use, the first decision to take is whether an IMPERFECTIVE or a PERFECTIVE is required – i.e. is it a single, completed action (PERFECTIVE) or an habitual, repeated, incomplete action (IMPERFECTIVE).

1. IMPERFECTIVE: ХОДИТЬ/ИДТИ

Only when you have decided that an IMPERFECTIVE is needed will you have to choose between the ходить/ идти type pair. These can usefully be called **IMPERFECTIVE 1** and **IMPERFECTIVE 2**.

IMPERFECTIVE 2 is most easily explained. It is used to describe an *INCOMPLETE ACTION* of 'going', when a SINGLE OCCASION AND A SINGLE DIRECTION are mentioned or implied. Remember: 1 occasion + 1 direction = 2! For example, 'I am going home now' implies 1 occasion (*now*) and 1 direction (*home*) = 2:

Сейчас я иду домой.
Когда ты упал, куда ты шёл/шла?
Where were you going when you fell?

IMPERFECTIVE 1, on the other hand, is used for *AN INCOMPLETE ACTION*, when a single occasion or a single direction are not mentioned or implied, i.e. when the verb 'to go' is a REPEATED or HABITUAL action. For example, 'I walk to school' does not imply either 1 occasion or 1 direction, but a HABIT:

Я хожу в школу.
В прошлом она часто ходила в город.
In the past she often went to town.

2. PERFECTIVE: ПОЙТИ

If the verb 'to go' refers to a SINGLE COMPLETED ACTION, then the PERFECTIVE form is needed: пойти. This form often means 'to set off':

Он встал в 8 часов и пошёл вниз.
He got up at 8 o'clock and went downstairs.
Я выполню задачу и пойду гулять.
I'll complete the task and go for a walk.

Note:

Since IMPERFECTIVE 2 requires 1 occasion and 1 direction for its use and the PERFECTIVE often means 'to set off', there is a slight problem in expressing *a completed trip there and back* IN THE PAST TENSE (2 directions and and not only 'to set off', but 'to come back too'). To convey this idea IMPERFECTIVE 1 is used:

Вчера он ездил в Москву.
Yesterday he went to Moscow (i.e. he went and came back again).
Вчера он поехал в Москву.
Yesterday he went to Moscow (i.e. he went and is still there).

The other Russian *VERBS OF MOTION* - 'to go by transport', 'to run', 'to fly', 'to swim', 'to lead', 'to transport', 'to carry' - are all governed by the same principles as 'to go on foot' (see previous page):

бегать/бежать/побежать	–	to run
водить/вести/повести	–	to lead
возить/везти/повезти	–	to transport
ездить/ехать/поехать	–	to go by transport
летать/лететь/полететь	–	to fly
носить/нести/понести	–	to carry
плавать/плыть/поплыть	–	to swim

VERBS OF MOTION 2

One of the special features of Russian *VERBS OF MOTION* is that prefixes may be added to them to form more complex meanings. For example, not merely 'to go', but 'to go in', 'to go out', etc:

Он выходит из комнаты.

He is going out of the room.

Она вошла в столовую.

She went into the dining room.

Once a prefix is added to a *VERB OF MOTION*, the extra difficulty associated with it disappears, because a prefixed *VERB OF MOTION*, like the majority of other verbs has only two forms - one IMPERFECTIVE and one PERFECTIVE. The normal criteria for selecting a verbal aspect are observed.

The most important prefixed *VERBS OF MOTION* include the following;

to approach	подходить/подойти	подъезжать/подъехать	(к + dat)
to arrive	приходить/прийти	приезжать/приехать	(в + acc)
to cross	переходить/перейти	переезжать/переехать	(через + acc)
to enter	входить/войти	въезжать/въехать	(в + acc)
to exit	выходить/выйти	выезжать/выехать	(из + gen)
to get off	сходить/сойти	съезжать/съехать	(с + gen)
to leave	уходить/уйти	уезжать/уехать	(из + gen)
to pass/	проходить/пройти	проезжать/проехать	(мимо + gen)/
to go through			(через + acc.)
to pop into	заходить/зайти	заезжать/заехать	(в + acc)
to reach	доходить/дойти	доезжать/доехать	(до + gen)

Note:

The past tense forms of the prefixed *VERBS OF MOTION* are all regular, except for the PERFECTIVE of the 'to go on foot' verbs; here the past tense is: пришёл, пришла, etc.; вошёл, вошла etc.

Thus the only concern when using these verbs in the PAST or FUTURE TENSE is to decide whether a SINGLE COMPLETED ACTION is being described. If it is, use the correct form of the PERFECTIVE. If it isn't, use the IMPERFECTIVE:

Он вошёл в комнату и сел.

He came into the room and sat down.

Они уезжали каждое утро в 8 ч.

They left every morning at 8.

УПРАЖНЕНИЯ

а)   Напишите правильную форму глагола:

1. Что случилось? Куда она сейчас _____ (бегает/бежит/побежит)?
2. Официант _____ (носил/нёс/понёс) нам обед, когда он вдруг упал.
3. Спасибо, мы очень хорошо отдохнули. Мы _____ (плавали/плыли/поплыли) каждый день и _____ (ходили/шли/пошли) по разным интересным достопримечательностям.
4. В прошлом году мы _____ (ездили/ехали/поехали) во Францию на две недели.
5. Я очень не люблю _____ (летать/лететь/полететь)!
6. Его нет сейчас. Он _____ (ездил/ехал/поехал) в Москву.

б)   Закончите следующий рассказ, переведя материал в скобках:

Летом мы с друзьями _____ (went) в Грецию. Мы _____ (arrived) в аэропорт поздно вечером, часов в семь. Два часа мы _____ (approached) к самолёту, _____ (entered) в самолёт и нашли свои места. Когда мы _____ (arrived) в Афины в пять часов утра было уже очень жарко. Мы сели на автобус и _____ (set off) в маленький город на берег моря. «Когда мы _____ (arrive) на курорт?» спросил Дима. «Через три часа,» ответил гид. Когда мы _____ (arrived) на курорт, автобус _____ (drove as far as) до гостиницы. Мы все _____ (got off) с автобуса взяли свой багаж и _____ (went into) в гостиницу. На другой день мы очень рано проснулись. Мы решили отдыхать на пляже и по пути туда я _____ (popped into) в универсам, так как мы хотели пообедать прямо на пляже.

в)   Посмотрите на картинку и закончите следующее объяснение:

На прошлой неделе Петя _____(set off) рано утром. Он решил _____ (to go) в горы. Он очень любит ночевать в палатке, вот почему он всё взял с собой. Он _____ (drove) три часа, и наконец _____ (arrived) в кемпинг. На другой день он встал очень рано и весь день _____ (walked) в горах.

Часть вторая: ПРАКТИКА

Текст 1:   КУДА ПОЕХАТЬ?

СИБИРЬ

Сибирь ... Огромная территория советской страны к востоку от Уральских гор. Большинству туристов Сибирь кажется краем очень далёким и очень холодным. Но по современным понятиям не так уж она и далека: на самолёте её можно облететь примерно за полдня. А если ехать через Сибирь поездом, путешествие займёт уже шесть суток ... А что же сибирский холод? Те, кто не бывал здесь, считают, что в Сибири вечные снега и трескучие морозы. Да, зима здесь снежная и морозная. Но даже в самые холодные дни светит не по-зимнему яркое солнце. Во всяком случае почти никто из туристов не отказывается от пикников в зимней тайге или от прогулок по байкальскому льду (шутка ли, под ногами глубина тысяча метров).

В Сибири всё просторно, масштабно. На тысячи километров тянутся полноводные реки Енисей, Лена, Обь, Ангара. Жемчужина Сибири - Байкал, самое глубокое озеро в мире. И одни лишь перелётные птицы знают, где начинается и кончается тайга. И под стать просторам, мощи сибирской природы, здешние города и гидроэлектростанции, нескончаемые ленты дорог, сокращающие невообразимые сибирские расстояния. А эти расстояния современному туристу не помеха.

СУХУМИ

Чёрное море, серебрянное от солнца ... Природа подарила Сухуми 220 солнечных дней в году, тёплое море, вечнозелёные шапки эвкалиптов и пальм, густой аромат роз, магнолий, олеандров.

Сухумцы покажут гостю замок царя Баграта и Беслетский мост - сооружение тысячелетней давности; Великую Абхазскую стену, протянувшуюся на 160 километров, музей субтропической флоры и ботанический сад, заложенный в 1841 году.

Гордость Сухуми - фольклорный ансамбль песни и танца Абхазии, единственный в мире творческий коллектив долгожителей. Средний возраст его участников немногим меньше 100 лет.

Любимая набережная горожан и проспект Руставели - тоже достопримечательности города. Здесь почти всё: новое здание национального драматического театра, причудливые фонтаны, экзотические рестораны и маленькие кафе. Интересны и окрестности Сухуми: озеро Амктел, сталактитовая пещера «Абрскила», замок Келасурского ущелья...

A. Ответьте на вопросы:

1. Why is it no longer appropriate to consider Siberia a 'distant land'?
2. How long does it take to travel across Siberia by train?
3. Describe the Siberian winter.
4. What is there for tourists to do in Siberia in the winter?
5. Describe the climate and natural setting of Sukhumi.
6. Of what historical interest is Sukhumi to the tourist?
7. What is special about the folk music and dance ensemble described here?
8. What attractions does Rustaveli Prospect have to offer the tourist?

Б. Переведите на английский язык:

«В Сибири всё просторно ... современному туристу не помеха»

В. Прослушайте следующее сообщение, затем напишите ответы на вопросы по-английски. Вы прослушаете сообщение два раза.

1. Give two reasons for the popularity of the Côte d'Azur.
2. What lasts from May to November there?
4. With what is Nice particularly well provided?
5. How is the seafront at Nice described?
6. What area does the state of Monaco occupy?
7. Name two of the city's tourist attractions.

Г. Опрос! Узнайте мнение у членов вашей группы:

а) Где и как лучше отдыхать?
б) В какое время года лучше отдыхать?
в) Что важнее, жаркая погода или интересная обстановка? Почему?

Д. Посмотрите на картинки. Как вы видите, Виктор Павлович очень любит спокойно отдыхать в саду, на солнце. Напишите ему письмо (120-150 слов), советуя ему выбрать более активный отдых.

Текст 2:   «ГАВАНЬ» ДЛЯ ТУРИСТА

Сейчас многие дома отдыха, туристические базы передаются в общее пользование. По инициативе Московского городского совета по туризму и экскурсиям ВЦСПС принял решение о передаче совету четырёх нерентабельных домов отдыха в живописных местах Подмосковья. А что ещё делается для улучшения обслуживания, в частности, многочисленных московских туристов? Разъяснение даёт председатель городского совета по туризму и экскурсиям, В. Степанков:

- Только сильная материальная база позволит резко увеличить количество услуг для москвичей. Первый шаг уже сделан - решение ВЦСПС помогло сдвинуть с места проблему, которая существовала годами и могла бы ещё столько же стоять перед нами. Ведь всем известно, что строительство такой базы за городом может растянуться больше, чем на пятилетку. Мы выделили свои средства, чтобы укрепить убыточные хозяйства. Например, дом отдыха «Тычково», где не было создано условий для досуга людей. Сегодня там организована туристическая база.

Одной из проблем сегодня считается путешествие на собственном автомобиле. Эта категория туристов практически не имеет «гаваней».

- Выход мы нашли - сооружение малых мотелей. На 47-ом километре Минского шоссе заканчивается строительство такого первенца: жильё, питание, автостоянка с техобслуживанием. В ближайшее время необходимо создавать целые нитки таких мотелей через 300-400 километров, как в других европейских странах.

Есть ещё одна проблема - в столице гостиницы, отвечающие современным международным требованиям, по пальцам можно пересчитать.

- Здесь мы пошли по пути создания совместных предприятий. В этом году на Беговой улице начнут возводить гостиницу на 860 мест совместно с австрийской фирмой и американской. В планах - возведение гостиницы на Рижской площади в Москве на 400 мест.

Но москвичи резонно могут возразить - всё для иностранцев. Что же для нас?

- И для иностранцев, и для горожан. Объясняется всё просто - чем больше примут в Москве гостей из-за рубежа, тем больше наших жителей сможет побывать в других странах. Шаги сделаны в этом направлении - с прошлого года арендовали на Солнечном берегу Болгарии гостиницу «Пирин». Отремонтировали её, и уже сегодня там отдыхают москвичи. Договор с испанской фирмой «Сеинку» позволил в этом году отправить в эту страну пять групп. Через год число путёвок в Испанию возрастёт до полутора тысяч.

A.   Ответьте на следующие вопросы:

1. What recent decision has been taken by the All-Union Central Council of Trade Unions (ВЦСПС)?

2. Why is V. Stepankov pleased with the decision?
3. What good news is there for motorists?
4. What new approach to hotel building has been adopted?
5. What concern is expressed about the provision of accommodation for foreign tourists?
6. Why is the building of new hotels important for Muscovites?

Б.   Что вам предлагает *ИНТУРИСТ*? Прослушайте следующие сообщения, затем напишите свои ответы на вопросы. Вы прослушаете каждое сообщение два раза:

1a. For whom is the 'Mountains and Sea' tour designed?
 b. How long does this tour last?
2a. Name two features of the tour organised for hockey and figure-skating enthusiasts.
3a. At what time of the year does the skiing marathon take place?
4a. How long do the 'à la carte' tours last?
 b. What is included in the price of the tour?
 c. What special reduction is there for children under the age of twelve?

В.   Переведите на английский язык:

«Но москвичи резонно могут возразить ... возрастёт до полутора тысяч.»

Г.   Обсудите с партнёром! Что значит «хорошая гостиница»? Составьте список тех черт, которые вам кажутся важными. Потом обсудите свои мнения со всей группой.

Напишите короткий отчёт о выводах этой дискуссии (80-100 слов).

Д.   Прочитайте внимательно следующее письмо, затем напишите ответ по-русски (120-150 слов). Не забудьте ответить на <u>все</u> вопросы Галины!

г. Пермь

Дорогая Анна!

Мне было очень приятно получить Ваше письмо и узнать, что отпуск Ваш прошёл хорошо и что Вы сейчас чувствуете себя намного лучше.
Я тоже довольна своим отпуском.   Отпуск преподавателей   вузов и школьных учителей составляет в нашей стране 48 рабочих дней (т.е. 8 недель), так что у меня была возможность провести его разнообразно:

сделать кое-какие домашние дела и даже попутешествовать: последнее мне всегда очень нравится.

Я уже Вам писала, что местом отдыха в этом году я избрала Черноморское побережье и поехала по туристической путёвке в Болгарию. Мне уже доводилось бывать на курортах в этой стране, где меня привлекают её мягкий климат, солнечная погода, тёплое море и хорошие условия для отдыха.

Летом этого года я отдыхала на курорте «Золотые пески». У нашей туристической группы были экскурсионные поездки и просто отдых на море. Мы посетили ряд музейно-архитектурных комплексов, связанных с историей болгарского народа, побывали на разных известных курортах.

Я вернулась домой полна впечатлений от многочисленных поездок экскурсий и интересных встреч, а также отдохнувшая и загоревшая.

Вот пока все мои новости. Напишите о себе. Мне будет интересно более подробно узнать о Вашем отпуске (где, в каких местах были, что видели интересного).

Жду Вашего ответа,
Всего наилучшего,
Галина.

Текст 3: ВСЯ СТРАНА В ОТПУСКЕ

О Финляндии говорят, что после Иванова дня, когда огромный «языческий» костёр на острове Сеурасаари в Хельсинки отмечает приход северного лета, страна надолго закрывается на каникулы: по крайней мере два миллиона человек берут отпуск почти одновременно. Напомним, что это примерно сорок процентов всего населения страны.

Статистика показывает, что примерно миллион финнов посещают за год страны Средиземноморья. Теперь по относительно дешёвой цене им открыли и курортные районы США. Но большинство жителей Суоми всё ещё считают себя «людьми земли», сельскими жителями, и проводят отпуск в деревне. Супруга президента на вопрос одного из журналистов о её хобби в отпуске выразительно посмотрела на свои руки, а потом ответила, что её привязанности в значительной степени связаны с землёй. - На завтра мы заказали двести саженцев растений для нашей дачи, - сообщила она, - и я сама посажу их.

Примерно половина населения страны владеет летними домиками - по берегам моря, озёр, на ближайших и отдалённых островах. Частные леса здесь не огораживают проволокой, в них можно собирать грибы, путешествовать. Единственное условие, - не подходить близко к дому хозяина. Но, увы, можно проехать десятки километров вдоль прекрасных озёр и так и не найти местечка для того, чтобы позагорать и искупаться. Там, где отсутствует жильё, берега практически недоступные - лес, заросли камышей.

Конечно, современно развитую страну нельзя полностью отправить на отдых. Не все заводы, скажем, можно остановить. А общепит, служба сервиса? Но в кафе, магазинах, на рынках в эти дни больше видишь юные лица - финские школьники подрабатывают на каникулах.

Когда страна на отдыхе, правительство тоже не составляет исключения. Газеты печатают графики отпусков ведущих политических деятелей. Но никто из опрошенных мной финнов не пожаловался на то, что отсутствие какого-либо министра осложняет жизнь страны. Работает как бы самонастраивающийся государственный механизм.

А.   Ответьте на следующие вопросы по-русски:

1.   Почему можно сказать, что «Финляндия в отпуске» после Иванова дня?
2.   Какой самый популярный вид отпуска у финнов?
3.   Какой процент финнов владеет своей дачей?
4.   Легко ли отдыхать в Финляндии летом?
5.   Почему средний возраст финских рабочих в сфере обслуживания понижается летом?

Б.   Перескажите содержание этого текста по-русски (60 слов).

В.   Объясните значение следующих слов по-русски:

1.   остров   4.   дешёвый
2.   одновременно   5.   жильё
3.   примерно   6.   отсутствие

Г.   Прослушайте следующий отрывок и вставьте пропущенные слова:

Закрываются конторы, _____. В разгаре _____ дня я приехал на _____ с начальником _____ компании «АЭС системз», Пертти Лаурила. Просто, как свою _____, он открыл солидное _____ фирмы и извинился: - К _____ некому приготовить для нас кофе. Но _____ придумаем... Дальше Пертти объяснил, что многие _____ поехали на _____ - в Италию, Грецию, на Канарские _____.

Д.   Опрос! Как проводят каникулы ученики в вашей группе. Придумайте несколько вопросов (где? как? на сколько?), потом задайте их, чтобы узнать как можно больше у каждого члена вашей группы. Соберите все данные и напишите отчёт по-русски (120-150 слов).

E.	Переведите на русский язык:

There is a small town in Finland where a large part of the population works at one main enterprise. Twice a year the place closes down completely for the holidays. Some workers travel abroad because of the relatively cheap price of foreign travel, while others leave for different regions within their own country. Only a very small percentage of the population stays at home. Of course, the choice of where to spend one's holiday is an entirely personal matter.

## Текст 4:	ПАСПОРТ В СССР

В то время, когда советскому туристу становится всё труднее отправиться за рубеж, поток иностранных граждан, прибывающих в нашу страну, не уменьшается. К нам приезжают не только туристы, желающие полюбоваться архитектурными ансамблями, но и учёные, люди искусства, бизнесмены. Причём по мере развития внешнеторговых связей и интуристского сервиса поток гостей нашей страны будет, судя по всему, расти.

Этими соображениями и руководствовались американская фирма «Зигзаг Арт» и советская организация «Интерреклама», создавшие на днях совместное предприятие. Сфера деятельности - информирование гостей в нашей стране, создание рекламных видеофильмов и красочного журнала, который получил название «Паспорт в СССР».

Основатели совместного предприятия надеются, что «Паспорт в СССР» будет в корне отличаться от своих собратьев. В журнале, который будет выходить раз в два месяца и только на английском языке, издатели намереваются помещать информацию, действительно необходимую человеку, приезжающему в нашу страну. На пресс-конференции в Москве президент фирмы «Зигзаг Арт» М. Клифф заверил, что качество будущего журнала определяется международными стандартами, а содержание будет во многом зависеть от советских журналистов.

A.	Прочитайте следующие утверждения и отметьте, «правда» или «неправда»:

1.	Сейчас не так сложно советским туристам ездить за границу.
2.	Популярность СССР среди зарубежных туристов всё увеличивается.
3.	Торговля играет незначительную роль в развитии туризма.
4.	«Интерреклама» будет торговать русскими сувенирами.
5.	Новый журнал будет выходить шесть раз в год.

Б. Объясните по-русски значение следующих слов и фраз:

1. полюбоваться архитектурными ансамблями
2. расти
3. совместное предприятие
4. отличаться от
5. необходимая информация

В. Выберите себе партнёра и разыграйте по ролям!

А.

1. Ask where Б. is intending to spend the summer.

2. Say that you're leaving for Sukhumi on 10th August. You think there's a spare place in the group.

3. Say you don't know and advise Б. to call at Olga Ivanovna's to ask.

4. Say unfortunately you're going by train — it'll take a long time to get there.

5. Say it'll be very hot, so Б. should take summer clothes and not forget her/his swimming costume.

Б.

1. Say you haven't any definite plans, but you hope to go abroad.

2. Ask whether A. thinks it would be possible for you to go.

3. Find out if the group is travelling by train or 'plane.

4. Say you're pleased to hear it. You're not keen on flying. Ask what you should take with you.

5. Say you really hope you'll be able to go and that you'll definitely call to see Olga Ivanovna on your way home.

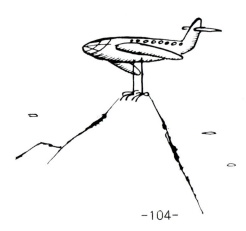

-104-

Г. Прослушайте следующее интервью между журналистом и главным администратором ресторана «Глазурь», затем ответьте на вопросы по-английски. Вы прослушаете интервью два раза.

1. Give two details about the building in which the 'Glazur' restaurant is housed.
2. What contribution have the Belgians made to the joint enterprise?
3. Explain what the Russian and Latvian firms are providing.
4. What is on the menu of the ground floor café?
5. How many customers can the first-floor restaurant seat?
6. What type of musical entertainment is offered?
7. What is the address of the 'Glazur' restaurant?

Д. Вам предложили работу в издательстве «Паспорт в СССР». Первая ваша задача – написать короткую статью (150 слов), рекламирующую один курорт в СССР. Следующие сведения о курорте помогут вам:

великолепные памятники	видеосалон
древняя крепость	дискотека
исторический город	магазины
красивая бухта	рестораны
мемориальные дома-музеи	цветомузыкальный фонтан

мягкий климат	гостеприимные жители
чистый воздух	
тёплое море	

Е. Опрос! Узнайте мнение у членов вашей группы:

а) Какая польза от заграничных поездок?
б) Какие преимущества и недостатки таких поездок?
в) Какая репутация англичан за границей?

Теперь напишите сочинение (около 250 слов) на следующую тему:

Зачем ездить за границу?

Ж. Прочитайте следующий «комикс-тур» и перескажите его содержание. Как вы относитесь к таким туристам и таким поездкам?

Chapter 8
КАК МЫ ЖИВЁМ

Часть первая: ТЕОРИЯ

ЖИЗНЬ ПРОЖИТЬ – НЕ ПОЛЕ ПЕРЕЙТИ!

Воскресенье. Только что кончился семейный обед. Бабушка, мама и внук на кухне, папа в гостиной, сидит перед телевизором.

Мама	Саша, иди, скажи папе, чтобы он нам помог.
Бабушка	Зачем, Наташа, ведь мы с тобой всё уберём.
Мама	Нет, было бы лучше, если бы папа помог, ведь здесь так много грязной посуды.
Бабушка	Нет, Наташа, я настаиваю на том, чтобы мой бедный сын имел возможность отдыхать. Ведь он всю неделю так усердно работает.
Мама	А я?! ... Если бы не работала и я, мы уже давно влезли бы в долги.
Бабушка	Согласиться с тобой, Наташа, просто нельзя. Надеюсь, что если моя младшая дочь наконец выйдет замуж, то она будет оставаться дома, будет заботиться о семье. (*Мама краснеет, – сердится и обижается*).
Внук	Бабушка, ты, должно быть, устала. Дай я помогу маме. Ты бы лучше пошла отдохнуть в гостиной.
Бабушка	Какой у меня добрый внучек! (*Себе*) Я не думаю, чтобы он такому поведению научился у матери! (*Уходит*).
Мама	Ох, уж эти свекрови! Спасибо тебе, Саша.

a) THE CONDITIONAL MOOD

This form of the verb is used to express an action which <u>would have</u> taken place, <u>would be</u> taking place or which <u>would</u> take place in the future.

FORMATION

Simply add **бы** to the <u>past</u> <u>tense</u> of the verb (either *IMPERFECTIVE* or *PERFECTIVE*, depending on the normal rules determining aspect choice):

Она [про]читала бы...
She would (would have) read...
Он хотел бы...
He would like (would have liked)...

USE

This form of the verb is used whenever 'would' occurs in English. The only exception is when 'would' indicates repeated past tense action, where the *IMPERFECTIVE PAST* is used:

По средам я покупал[а] газету.
On Wednesdays I would buy a paper

Generally, бы follows the verb, though it need not. It can follow any word in the sentence which requires special emphasis:

Она бы купила торт.
She would buy the cake.

There is only one form of the conditional in Russian, so it covers the English present, past and future:

Я хотел(а) бы ...
I would like (today)...
I would have liked (yesterday)...
I would like (tomorrow)...

'IF' CLAUSES

The only potential complication with the *CONDITIONAL* occurs when the word 'if' - если - is used to introduce conditions: 'If you do your homework, I am pleased'.

Russian distinguishes between 'possible' conditions, when the *CONDITIONAL* is not used, and 'impossible', hypothetical conditions, when the *CONDITIONAL* is used.

If the condition introduced by если is still possible, neither clause will be in the *CONDITIONAL*, but the *INDICATIVE*:

Если ты делаешь домашнее задание, я рад(а).

If you do your homework, I am pleased.

Если ты сделаешь домашнее задание, я буду рад(а).

If you (will) do your homework, I will be pleased.

If, however, the condition is no longer possible, or never could happen at all, the 'if' clause will be introduced by если бы and the other (main) verb will be in the *CONDITIONAL*:

Если бы мы делали домашнее задание, он был бы рад.

If we had done/did/were to do (*in general*) our homework, he would be/would have been pleased.

Если бы мы сделали домашнее задание, он был бы рад.

If we had done/were to do this (*one particular*) homework, he would be/would have been pleased.

But you didn't, and it's too late now!! OR You're never going to do it, so it's totally hypothetical!!

These two types of construction must never be mixed - so, if there is a бы in one half of the sentence, it must be matched by a бы in the other half.

Note: 1. Often the main clause in a conditional sentence is introduced by то:

    Если ты сделаешь, то я буду ...

    If you do this, then I'll...

2. Sometimes если is omitted and the verb put first:

    Сделаешь это, я буду.../Сделал бы это, я бы ...

    If you do/did this ... I'll/I'd...

3. **Если бы** can be used to convey a wish or a desire:

    Если бы (только) ты сделал домашнее задание!

    If only you'd do your homework!

Ь) THE SUBJUNCTIVE MOOD

The SUBJUNCTIVE is very easy to form: it consists of either чтобы or бы followed by either a past tense or an infinitive. The SUBJUNCTIVE is required in the following circumstances:

1. After verbs expressing desire or ordering:

Я хочу,	I want	
Он хотел бы,	He would like	
Нам хотелось бы,	We feel like	*Literally*:
Они требуют,	They demand	чтобы вы
Я желаю,	I wish	сделали это
Я настаиваю на том,	I insist	
Она просит,	She requests	

Literally:
чтобы вы — that you
сделали это — should do
this

2. To express purpose: [для того], чтобы:
Я пишу [для того], чтобы рассказать тебе историю.
I'm writing to tell you the story. [*Infinitive used for second verb because subjects of the two verbs are the same.*]
Он сказал это, чтобы мы не потеряли дорогу.
He told us this so we wouldn't lose our way. [*Past tense used for second verb because the subjects of the two verbs are different.*]

3. In commands:
Чтобы ты так больше не делал!
Don't do that again!
Чтобы они прекратили сразу же!
They must stop that at once!

4. In advice:
Она бы [лучше] оставалась здесь.
She'd better stay here.
Мы бы вернулись домой.
We ought to go home.

5. After verbs of doubting and fearing:
Они сомневаются, чтобы мы заплатили.
They doubt whether we have paid.
Ты боишься, чтобы [OR как бы] деньги не потерялись.
You're afraid that (lest) the money might be lost.
[*Not to be confused with sentences like: I am afraid that (I regret it, but) the money has been lost. Я боюсь, что деньги потерялись.*]

6. After some verbs in the negative (mainly verbs of saying/thinking):
Я не думаю, чтобы это было так.
I don't think that is the case.
Они не помнят, чтобы это было так.
They don't remember this being the case.

7. In the special construction бы...ни... (whenever, whoever etc.):
Кто бы это ни был.
Whoever it may/might be/
might have been.

Что бы мы ни сказали.
Whatever we say/said/
might have said

8. **With the verb 'to wait for':**
Он ждал, чтобы она вернулась.
He waited for her to return
[*Not to be confused with 'to wait until': He waited until she returned:*
Он ждал, пока она не вернулась.]

УПРАЖНЕНИЕ

Прочитайте внимательно следующий ряд предложений, затем закончите их, используя материал в скобках.

1. Завтра мы уедем за город, _____ (if it's fine).
2. Если бы он пришёл вовремя, _____ (we could have had supper together).
3. Если бы он знал, что она лежит в больнице, _____ (he would have taken her some flowers).
4. Надо спросить, _____ (if you don't understand).
5. Она была бы очень довольна, _____ (if they finished their essays on time).
6. Я уехала бы, _____ (if only I had some money).
7. Бабушка не верит, _____ (that Natasha works hard).
8. Папа встаёт, _____ (in order to switch on the television).
9. Мы все ждали, _____ (for grandma to fall asleep).
10. Мама обычно требует, _____ (that we tidy our rooms).
11. Уже за полночь! Я боюсь, _____ (that he's missed the train).
12. Он такой рассеянный! _____ (he should write it down at once!)

Часть вторая: ПРАКТИКА

Текст 1:   ОСТРЕЙШАЯ ПРОБЛЕМА ВЕКА

Запомнилось первое знакомство с Боготой, столицей Колумбии, – утром проснулся оттого, что где-то рядом с гостиницей началась перестрелка.

–Не беспокойтесь, у нас это бывает, – заметила горничная, – наркомафия с кем-то сводит счёты.

Сегодня все чаще и чаще поступают тревожные вести из Колумбии: наркомафия творит свои грязные дела. Он убирает со своего пути всех, кто мешает. Всего же за два последних года жертвами наркомафии стали свыше 11 тысяч человек.

Белый порошок, произведённый химическим путём из листьев кустарников коки в лесах Колумбии, соседних Боливии и Перу, идёт по всему миру. По данным экспертов ООН, доходы от сбыта наркотических средств, составляют более 300 миллиардов долларов, превышая доходы от нефти на мировом рынке и уступая лишь доходам от продажи оружия.

В настоящее время правительства западноевропейских стран тратят гораздо больше средств на осуществление антинаркотических законов, чем прежде. Но самую высокую цену платят наркоманы – жизнь. Все чаще умирают они, убитые «белым ядом», на улицах городов всего мира.

Проблема наркотиков, приобретающая все более серьёзный характер, объединяет всё международное сообщество в его настойчивом стремлении принять решительные меры для борьбы с наркомафией.

А.   Ответьте на вопросы по-русски:

1.   Объясните своими словами значение заглавия «Острейшая проблема века».
2.   Чем занимаются члены наркомафии?
3.   Сколько человек погибло за два последних года от руки наркомафии?
4.   Почему можно заключить, что западноевропейские страны беспокоятся о проблеме наркотиков?

Б.   Составьте предложения!

Пример: Родители/хотеть   Дети/не курить
Предложение: Родители хотят, чтобы дети не курили.

1.   Мать/бояться   Сын/стать наркоманом
2.   Правительство/желать   Все/знать правду о наркотиках
3.   Политики/настаивать   Правительство/принять срочные меры
4.   Наркоманы/хотеть   Торговцы/продать им наркотики
5.   Врачи/бояться   Многие молодые/умереть

В.   Международные новости. Прослушайте следующие отрывки, затем напишите ваши ответы на вопросы. Вы прослушаете каждый отрывок два раза.

1a. What is the special UN session to be about?
 b. What day has been fixed for it?
2a. What explanation is given for the present troubles in Namibia?
 b. What has effectively been in progress for several months?
 c. How many people were at the meeting mentioned?
 d. What was this taken to prove?
 e. How is SWAPO policy described?
3a. What law has just been changed in Yugoslavia?
 b. What precisely is different now?
 c. What is the 'catch'?

Закончите диалог! Дайте ответы Тамары:

Валентина	Мне было очень обидно, что ты забыла мой день рождения.
Тамара	Apologise. Say if you'd known about it, you'd have rung her.
Валентина	Очень жаль, что ты не была с нами на концерте вчера вечером.
Тамара	Apologise. Say if you'd had any spare time, you'd have come.
Валентина	Кстати, зачем же ты не хочешь пойти с нами в ресторан завтра вечером?
Тамара	Say if you'd enough money, you'd come with pleasure.
Валентина	Очень досадно, что ты так редко бываешь у нас в гостях.
Тамара	Say if she didn't complain all the time, you'd visit her more often.
Валентина	Ну, как же можно, Тамара! Я ведь никогда на тебя не жалуюсь!
Тамара	Say if you don't leave at once, you'll miss your train.

Д.   Интервью. Выберите себе партнёра и разыграйте по ролям:

Интервьюер	*Политический деятель*
1. Ask why the government is spending so much money.	1. Say the government wants to solve the drugs problem.
2. Ask why there are so many television programmes about drugs.	2. Say the government wants everyone to understand the situation.
3. Ask why the situation is considered to be so serious.	3. Say the government is afraid many young people will die.
4. Ask who can help in the fight against drugs.	4. Say the government wants everyone to help.
5. Ask if the anti-drug laws are too strict.	5. Say the government insists that strict laws are essential.

Е.   Вы журналист. Редактор хочет, чтобы Вы написали короткую статью (200 слов) о проблеме наркотиков в современном обществе. Редактор хочет, чтобы Вы включили хотя бы некоторые из следующих пунктов:

а)   молодым скучно

б)   у некоторых молодых слишком много денег

в)   рост преступности среди наркоманов

г)   злые торговцы наркотиков

д)   влияние наркотиков на здоровье

е)   влияние наркомании на жизнь в современном обществе

Текст 2:   НАУКА И ОБЩЕСТВО: ЖИЗНЬ СРЕДИ КОМПЬЮТЕРОВ

Новый вирус поразил тысячи компьютеров. Злоумышленные вымогатели вносят специальный дискет с ложными программами, выводящими из строя важные компьютерные системы, от работы которых зависят тысячи фирм, лечебных заведений, научных институтов и банков.

Компьютерный вирус ставит под угрозу нормальное функционирование ЭВМ. Результат его деятельности - изменение информации в компьютере - приносит массу неприятностей для пользователя. Вирус проникает в компьютер вместе с программами-вирусоносителями. При этом заражённая программа внешне и функционально ничем не отличается от других. Определить и выявить вирус на ранней стадии появления в системе можно только специальными средствами. Зачастую пользователь замечает его, когда компьютер уже серьёзно поражён и определённая часть информации безвозвратно потеряна.

Под подозрением оказались многие программы, в том числе и прежде всего так называемые системные: без них компьютер вообще не способен работать, так как они выполняются при каждом его включении. Ложная программа написана высококвалифицированным программистом и обладает способностью к размножению.

С каждым годом парк ЭВМ увеличивается и расширяется, особенно бурный рост наблюдается в области ПЭВМ. Всё большее число пользователей-непрофессионалов вовлекается в работу с компьютером. В этих условиях заражение машины вирусом очень опасно, ибо рядовой пользователь, как правило, не в состоянии самостоятельно побороть опасную и крайне заразную компьютерную болезнь.

Существующая практика натурального обмена программами (особенно широко распространнёная в мире персональных компьютеров), когда никто ни за что не несёт ответственности, является благодатной почвой для распространения вирусов. А развитие сетевых средств общения компьютеров между собой несёт ещё большую угрозу компьютерному миру.

Всякое столкновение профессионала-программиста с вирусом - это потраченное на борьбу с ним время, потерянные файлы, «откат» в выполняемых плановых разработках. А что делать простым пользователям, не искушенным в тонкостях программирования? Для них необходимы эффективные средства защиты, диагностики, лечения. Создание их требует времени и средств. Профессиональная сервисная служба по защите ПЭВМ от вирусов у нас только зарождается.

1. What sort of institutions have been hit by the new virus?
2. Why is it difficult to detect if a computer virus has been introduced?
3. What sort of person is thought to have designed the virus-bearing programme?
4. Why is the computer virus particularly dangerous for users of PC's?
5. Name two other factors which assist the spread of the virus.
6. What are the consequences of encountering the virus for a professional programmer?
7. What sort of help does the amateur user need?

Б.   Дополните диалог:

Боря	Лена, почему так печальна?
Лена	Say you're afraid you've lost an important file.
Боря	Ты уверена в этом?
Лена	Say yes, whatever you do, you can't find it.
Боря	Как тебе помочь?
Лена	Say you don't think it's possible, he'd better go home.
Боря	Ну что ты! Я конечно останусь!
Лена	Say in that case you'd like him to look at the systems programme.
Боря	Ладно ... Знаешь, Лена, у нас, может быть, зараженная программа.
Лена	Say you're afraid that's the case. If only you hadn't exchanged programmes with Viktor Pavlovich!

В.   Переведите на английский язык:

«Всякое столкновение ...
у нас только зарождается.»

Прослушайте интервью. На вопросы журналиста отвечает кандидат медицинских наук, М.И.Степанова. Вы прослушаете интервью два раза. Затем напишите ваши ответы на вопросы.

1. What role is the computer likely to play in the future career of the modern child?
2. What role do computers play in the modern child's leisure time?
3. In which three places might the Soviet child encounter computers?
4. Give three of the qualities which psychiatrists consider are developed by working with computers.
5. What are the dangers of working with computers?
6. Give two examples of the advice given by Dr. Stepanova on the use of computers by young children.
7. What problem do junior computer 'fanatics' have?

Д. Какое ваше мнение? Сделайте опрос! Узнайте мнение членов вашей группы о роли компьютеров в областях:

а) обучения
б) досуга
в) работы
г) медицины

Компьютер нам помогает или мешает в жизни? Он полезен или вреден? Мы слишком зависим от компьютера?

Теперь напишите сочинение на тему:

Компьютер друг или враг общества? (200-250 слов)

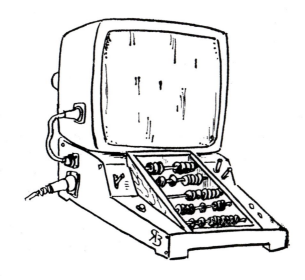

Текст 3: ВЫШЕ ГОЛОВУ, ОДИНОКИЕ!

Ненавижу это слово - одиночество. Горькое и безысходное. Тоской и пустотой от него веет. Одиночество стало модной «болезнью». Долго мы стеснялись говорить о ней вслух. И вдруг, разом, все говорят: и женщины, и мужчины, и женатые, и холостые, и замужные, и матери-одиночки. А просто стало решить вопрос: ЭВМ + 15 рублей и - партнёры на выбор! А если и других захотите «посмотреть» - только и заплатите ... ещё 15 ... Вот пошла погулять коммерция по истерзанным своими комплексами людям, по их наивным сердцам. Как грибы растут кооперативы, обещая, что счастье - вот оно, у порога, протяни ... нет, не руку, а 15р.

Но дело тут не в деньгах, хотя и платит их человек за надежду, а в том, что «Ханума» - электронная сваха - расслабляет нас, уводит от борьбы за собственное совершенство, приучает к пассивному ожиданию парнёра. А представьте себе, что «сваха» так никого и не сосватала, в ЭВМ все варианты проскочили мимо, а с ними - и надежды на «хэппи энд» ... Что тогда? Стресс. Глубокий, и, может быть, необратимый. Уход в себя, расстройство, комплекс неполноценности, неудовлетворённость... «Ну, почему мне не везло, когда другим хорошо?»

А как вы думаете, в прошлом всё было по-другому? Думаю, интимные проблемы были те же, но вот воспитанность человека предполагала некоторое умолчание на эту тему. Молча страдали, как-то было неудобно публично признаваться, что тебя вовсе никто не выбрал, не оценил, не полюбил...

А сегодня? Забвение всех норм приличия, откровенный выбор, сделки, и за ним, снова индивидуальные страдания индивидов противоположного пола.

А мои конструктивные предложения? Я предлагаю... перестройку в себе. Я хочу высказать спорную мысль: стареть лучше в одиночку... У стареющих женщин есть трудности, связанные с естественным старением организма. Это и неотвратимый климакс, перепады температуры и настроения. Слёзы без причины, обиды без основания. Комплексы, связанные с увеличением веса, «мешки» под глазами, боль в пояснице и так далее... Конечно, я понимаю, что подать стакан больной жене лучше бы любящему мужу. А если он уже не любит и у самого что-нибудь болит? Поэтому я предпочитаю стареть в одиночку... Пусть никто не видит меня хворую. Но зато, когда отпустит болезнь, меня уже не удержать дома - летаю!

Надо уметь радоваться жизнью. Во-первых прийти к простому заключению: да, я живу одна. Но это не значит, что я лишена радостей жизни. Есть и простые радости, например, хорошее физическое самочувствие. Достигается оно занятиями спортом. А ещё радость встречи с хорошей книгой тоже очень помогает в тяжёлые минуты. Есть ещё одна житейская мудрость или хитрость: нам ведь только кажется, что мы хотим есть. Мы превращаемся в рабов желудка, в в пищевых наркоманов. Попробуйте простую, старорусскую еду – и вы почувствуете её оздоравливающую бодрость. А сколько времени освободится для общения, кино, спорта.

И последнее – баня по-русски. Это ритуал! «Баня парит, баня правит». И душевные разговоры, и парилка, и бассейн делают своё дело. Женщины выходят обновленными, счастливыми, красивыми.

Устраивайте себе праздники, не ждите, когда вас позовут. Выше голову, одинокие мои: жизнь ещё очень хороша!

А. Прочитав внимательно текст, на следующие утверждения ответьте «правда» или «неправда».

1. Долгое время ничего не говорили о проблемах одинокого человека, а сейчас их обсуждают часто.
2. Нет предприятий, предлагающих помощь одиноким даже за деньги.
3. Искать любовь с помощью ЭВМ можно считать не приличным, и далеко не всегда эффективным.
4. Раньше, в XVIII и в XIX веках, не знали проблемы, волнующие нас теперь.
5. Люди, живущие одни, никогда не пробовали супружескую жизнь.
6. Одиноким надо просто мириться с своим горем. Ничего не поделаешь!

Б. Прочитайте статью ещё раз и вкратце перескажите мнение автора об одиночестве (50-60 слов).

В. Прослушайте следующие отрывки из интервью с пенсионерами и ответьте на вопросы по-английски:

1a. How does the woman describe herself?
 b. What happened 5 years ago?
 c. What has been the main effect of perestroika for her?
 d. What 2 illustrations does she give of the insufficiency of her pension?
 e. Why can't she work?
 f. What, in her view, is society's attitude to pensioners?
2a. Who, in the man's view, are the most unfortunate among Soviet citizens?
 b. Give three of his reasons for saying this.
 c. What does he claim his generation's strength was used for?
 d. Why is his pension so small?
 e. For what other reason is it difficult for him to make ends meet?

Выберите себе партнёра! Прочитайте последнюю часть статьи вместе (Надо уметь радоваться ... жизнь ещё очень хороша!), затем:

1. Составьте список предложений и советов автора одиноким.
2. Согласны ли вы, что эти советы могут быть эффективными?
3. Как, по-вашему, надо бороться с чувством одиночества?

Обсудив все эти вопросы, подготовьте письменный отчёт о своих выводах для всей группы (120 слов).

Д. **Переведите на русский язык.**

Isolation is a problem faced by every modern city-dweller. To wake up alone, to eat breakfast alone, to have no-one to tell about yourself or your day is familiar to too many of our citizens. We must enjoy life despite its difficulties. Try this and you will soon agree that life is still good. It is not a question of money, although that of course helps. These personal problems existed in the past and everyone coped with them. Life goes on and the misfortune is not that people grow old, but that they remain passive. I have long since got used to this thought and for me it is in no way controversial. If people make an effort to enjoy life, they can be happy.

Текст 4: О ССОРЕ: В ШУТКУ И ВСЕРЬЁЗ

Ссоры и конфликты - бич семейного благополучия. Как с ними сладить? Семейные ссоры многолики. Бывают лёгкие, как весенние грозы: налетело, прошумело и улеглось. Часто они вспыхивают от дурного настроения, оттого, что где-то обидели, плохо выспался. В такой ссоре супруги лучше узнают друг друга, часто с неожиданной стороны. Для развития отношений, как ни парадоксально, они даже могут быть полезны. Такая ссора - самый короткий способ выговориться, снять эмоциональную напряжённость. Например, жена критикует мужа, в том что пиджак валяется на кресле ... если муж признаёт свою вину с достоинством, с юмором, тогда «искра» ссоры угасается, осветив некоторые неровности быта. Если не хватает чувства юмора, можно и промолчать, пусть партнёр выскажется. А после пойти на контакт, извиниться, приласкать расстроенного, посмеяться над маленькой «войной», над собой. Словом, главное - не обострять пустяки до предела, за которым уже всё всерьёз.

Но ссоры - увы! - бывают и нешуточные. Им больше подходят военные обозначения: конфликт, баталия, война, битва ... Здесь уже не до спасательного юмора. Противники запасаются своими «армиями» в составе детей, родных или друзей. Трещина в отношениях после таких ссор остаётся надолго, болит, как незажившая рана. В доме поселяется война - явная или скрытая, горячая или холодная, но всегда изматывающая. Уступить в такой ссоре невозможно потому, что причины ссор-баталий серьёзны: пьянство, измена, грубость и жестокость, безразличие к семье и детям, дурные привычки, безответственное отношение к обязанностям в семье и т.д.

Важно уметь вылечить хронический конфликт. Не махнуть рукой, не страдать привычно и покорно, а искоренить причины во имя спасения семьи. Совершенно недопустимы личные оскорбления, указания на недостатки партнёра. Следует обсуждать его поступки, ошибки в поведении, а не личные изъяны характера. Также не следует вовлекать в конфликт третьих лиц : детей, родных и знакомых. Третье лицо невольно принимает чью-то сторону, нарушая равновесие сил и интересов партнёров. Конечно же, следует избегать повышенного эмоционального фона ссоры. Чем спокойнее, сдержаннее ведут себя партнёры, тем меньше раздражения, тем легче договориться.

В умении пойти на компромисс и проявляется психологическая зрелость человека. В супружестве, как и любых человеческих отношениях, откровенный эгоизм, упрямство, неуступчивость приводят лишь к разладу, а то и распаду семьи.

А.   Ответьте на вопросы:

1. Explain how 'лёгкие ссоры' are said to arise.
2. In what way can such arguments be useful?
3. How can a sense of humour help?
4. What is most important in dealing with such arguments?
5. Whose help do quarrelling couples enlist in serious arguments?
6. What sort of things are claimed to cause 'ссоры-баталии'?
7. What is the best way of approaching this sort of argument?
8. What sort of character traits can lead to the break up of a family?

Б.   Дайте совет! Прочитайте внимательно образец, потом запишите свой совет каждому из следующих лиц:

Проблема:	Виктор ленивый человек.
Желаемый результат:	Делать успехи на работе.
Совет:	Если бы Виктор работал усердно, он делал бы успехи на работе.

Проблема	Желаемый результат
1. Света толстая женщина	Похудеть
2. Петя не очень здоров	Стать здоровым

3. У Иры денег нет   Стать богатой
4. Сергей очень некрасиво одевается   Привлечь внимание Маши
5. Наташа плохо играет на скрипке   Стать профессиональной
                                                скрипачкой

В. Разрешение ссоры! Выберите себе партнёра и разыграйте по ролям:

А.

1. Ask why Б. is late home.

2. Say it would have been better if Б. had rung you.

3. Ask if Б. has done the shopping.

4. Say if you'd known, you'd have gone to the supermarket yourself.

5. Explain that there isn't anything in the fridge for supper tonight.

Б.

1. Say you've been to a bar with Sasha.

2. Say you would have rung if you'd had any change.

3. Say you would have done the shopping if you'd had time.

4. Apologise. Suggest you go shopping together tomorrow.

5. Say never mind, you'll take A. to a restaurant this evening.

Г. Прослушайте следующую дискуссию между мужем и женой. Затем напишите ваши ответы на следующие вопросы по-английски:

1. With what generally held view does the husband disagree?
2. Why does he think it appropriate that a wife should be in charge of the family budget?
3. What does he claim a woman would do with any spare cash?
4. What would a man do?
5. What is the wife doing while they talk?
6. What does the wife suggest her husband should do instead of lying on the sofa?

Д. Опрос! Узнайте мнение членов вашей группы:

а) Правда ли, что женщины практичнее, чем мужчины?
б) Правда ли, что женщины больше работают, чем мужчины?

в) Правда ли, что брак «устарелый обычай»?

г) Почему в нашем обществе так много разводов?

д) В каком возрасте лучше всего вступить в брак?

Теперь напишите сочинение (200-250 слов) на одну из следующих тем:

а) Современная семья

б) «В нашем обществе женщинам выпадает тяжёлая доля». Вы согласны?

Е. Прочитайте и обсудите!

Кто-то из мудрых сказал: степень цивилизованности общества определяется его отношением к старикам. Как ни печально, но в нашем передовом обществе пока отношение к старикам основано на остаточном принципе: что останется, то им! Отсюда и нищенские для настоящего времени размеры обыкновенных пенсий. Правда, говорят об улучшении условий в «богадельнях», высказываются общие декларации о необходимости заботиться о стариках по линии, скажем, «движения милосердия». Есть предложения выпускать дешёвые промтовары для пенсионеров (и нетрудно представить себе их качество!), даже открыть для них специальные магазины, с дешёвыми продуктами (наподобие западных магазинов с питанием для кошек и собак). Всё это, конечно, частичный выход из положения, но, прямо скажем, оскорбительный.

Поднятие величины пенсий, хотя бы до уровня социалистических стран, решит не только материальный вопрос, но и частично улучшит тяжёлое моральное состояние пенсионера, возникающее вследствие отторжения от своего коллектива и активной деятельности. Это позволит также создать условия, при которых чувство иждивенца в семье и обществе у стариков сменится чувством независимости, защищающим его человеческое достоинство.

Вопросы к разговору:

1. Почему жизнь у стариков является трудной?

2. Что вы думаете о мерах, предложенных, чтобы помочь старикам?

3. Как мы вообще относимся к старикам в <u>нашей</u> стране?

4. Какие ещё проблемы бывают у стариков, кроме финансовых?

5. Как вы представляете себе «идеальную отставку», «идеальную старость»?

— Копи смолоду, внучек, не жди нового закона о пенсии...

Chapter 9
КУЛЬТУРА

НА ВКУС И ЦВЕТ ТОВАРИЩЕЙ НЕТ

Группа туристов в галерее, среди которых Пётр Петрович и его жена, Мария Владимировна.   Экскурсовод с большой тщательностью объясняет содержание каждой картины и оценивает талантливость каждого художника:

Экскурсовод	Да, действительно потрясающая картина. И как интересно она сделана, хотя сюжет намного проще и грустнее, чем в его других картинах; посмотрев на эту более серьёзную картину, можно лучше понимать живопись этого периода... Проходите, пожалуйста ... Теперь мы обратим внимание на самые известные картины этой школы.
	Некоторые туристы внимательно слушают, тогда как другим, очевидно, становится всё скучнее. К своему великому смущению, Пётр Петрович вдруг замечает, что жена зевает.
Пётр	(шепчет) Что за безобразие, Маша! Зачем ты зеваешь?
Мария	Прости, Петя, но это даже хуже, чем на выставке вчера.
Пётр	Тише, Маша! Ведь по-моему это одна из самых интересных галерей в мире.
	Экскурсовод ведёт группу в соседний зал. Должно быть, это его самый любимый зал, потому что он говорит всё быстрее и громче.
Экскурсовод	А это, пожалуй, наиболее красивая картина в галерее. Вот какая здесь борьба, какое страдание отражаются...
Пётр	(шепчет жене) Подумать только, художник был моложе меня на 10 лет, когда он нарисовал эту картину.
Мария	Долго ещё мы здесь будем? Чем раньше мы уйдём, тем лучше будет, ведь мне очень хочется есть.
Пётр	Ради Бога, потише! Неужели ты не понимаешь, что живопись – это высшая форма культуры?
Мария	Неужели ты не понимаешь, что надо пообедать как можно скорее? Ведь еда играет такую же важную роль в моей жизни, как живопись в твоей!

a) COMPARATIVES

This section deals with how Russian forms the COMPARATIVE of ADJECTIVES and ADVERBS - that is, more interesting[ly], newer, etc. There are three main types of COMPARATIVE:

1.   COMPOUND COMPARATIVE

This is used wherever the long form of the adjective would be used. It is formed simply by putting the indeclinable **более** [more] or **менее** [less] in front of the long form of the **ADJECTIVE** in the appropriate gender, case and number:

На столе лежит более интересная книга.
There's a more interesting book on the table.
Моя мама едет на более новой машине.
My mother's travelling in a newer car.
Она живёт в менее приятном городе.
She's living in a less pleasant town.

2.   FOUR SPECIAL PAIRS

There are **FOUR** pairs of **ADJECTIVES** which do not form *COMPOUND COMPARATIVES*. They have a long form *COMPARATIVE* using a single word only - i.e. without **более/менее**:

бо́льший/ме́ньший (bigger/lesser)
лу́чший/ху́дший   (better/worse)
вы́сший/ни́зший   (superior/ inferior)
ста́рший/мла́дший (older/younger; senior/junior)
Я читаю лучшую книгу.
I'm reading a better book.
Он пригласил старшего врача.
He invited the senior doctor.
Высшее образование.
Higher education.

Note:
a) None of the *FOUR SPECIAL PAIRS* is ever used predicatively. Special predicative forms exist as follows:
бо́льше/ме́ньше; лу́чше/ху́же; вы́ше/ни́же; ста́рше/моло́же
Он увидел собаку, которая была старше и больше.
He saw a dog which was older and bigger.
b) **более высокий/более низкий**: higher/lower: **нижний**: lower, under (**нижнее бельё**: underwear; **нижняя полка**: lower bunk).

3.   SHORT COMPARATIVE

This is used wherever the short form of the adjective would be used. It is formed by adding **-ee** (or sometimes **-ей**) to the end of the adjectival stem. Remember, however, that not all adjectives have a short form:

Все знают, что его дом новее (новей).
Everyone knows that his house is newer.
Эта книга интереснее (интересней), в этом я уверен/уверена.
This book is more interesting, I'm sure of it.

Note:

a) The following are exceptions:

богатый (rich) - богаче; большой (big) - больше; высокий (high, tall) - выше; далёкий (far) - дальше (or далее); дешёвый (cheap) - дешевле; дорогой (expensive, dear) - дороже; лёгкий (light, easy) - легче; маленький (small) - меньше; молодой (young) - моложе; плохой (bad) - хуже; простой (simple, easy) - проще; тихий (quiet) - тише; узкий (narrow) - уже; хороший (good) - лучше; частый (frequent) - чаще; чистый (clean, pure) - чище; широкий (wide) - шире; яркий (bright) - ярче.

b) Don't forget that the *SHORT FORM OF THE COMPARATIVE ADJECTIVE* is also the **COMPARATIVE ADVERB**:

Она играет роль лучше и интереснее.

She plays the part better and more interestingly.

Книга будет стоить дороже завтра.

The book will cost more (be more expensive) tomorrow.

OBJECT OF COMPARISON

In Russian there are two ways of saying 'better <u>than</u> ...', 'more interesting <u>than</u> ...' :

1. Use **чем** preceded by a comma:

Это более интересная книга, чем твоя книга.

This book is more interesting than yours.

Наша машина новее, чем ваша.

Our car is newer than yours.

Note: This form **MUST** be used with a *COMPOUND COMPARATIVE.*

2. Place the *OBJECT OF COMPARISON* in the **GENITIVE**:

Моя книга лучше твоей.

My book is better than yours.

Мы умнее вас.

We're cleverer than you.

Note: This form tends to be used with the *SHORT COMPARATIVE.*

DEGREES OF COMPARISON

a) To say 'A <u>little</u> bigger / A <u>bit</u> more interesting' add the prefix **по-** to the *SHORT FORM COMPARATIVE*:

Мне кажется, что он сейчас поумнее, чем в прошлом году.

I think he's a bit cleverer (a bit better behaved) than last year.

На этот раз я сделал домашнее задание получше.

I did my homework a bit better this time.

b) To say '<u>much</u> / <u>far</u> more interesting' use **гораздо** or **намного** (both invariable):

Ты купил гораздо более интересный журнал.

You've bought a much more interesting magazine.

Она сделает всё намного быстрее, чем ты.

She'll do everything a lot more quickly than you will.

b) SUPERLATIVES

This section deals with how Russian forms the SUPERLATIVE of ADJECTIVES and ADVERBS — that is, <u>most</u> interesting[ly], new<u>est</u> etc. There are two types of SUPERLATIVE:

1. COMPOUND SUPERLATIVE

This is by far the most commonly encountered. It can be used wherever the long form of the ADJECTIVE could be used. There is no SHORT FORM of the *COMPOUND SUPERLATIVE*. It is usually formed by putting **самый** in front of the adjective; **самый** declines like an adjective and agrees in number, gender and case with the ADJECTIVE:

Вошла самая талантливая актриса.
The most talented actress came in.
Он нашёл самого опытного актёра.
He found the most experienced actor.

Note:
a) With the 4 adjectival pairs which have a short declinable *COMPARATIVE* (see **COMPARATIVES 2**), the *SUPERLATIVE* can be formed by adding **самый** to the ordinary or the *COMPARATIVE* form:
Она была в самых лучших/самых хороших театрах в СССР.
She's been in the best theatres in the USSR.

b) The **OBJECT OF COMPARISON** is usually conveyed by **из** + GENITIVE PLURAL:
Мы выбрали самый интересный фильм из всех в городских кинотеатрах.
We chose the best film on in town.

c) The *COMPOUND SUPERLATIVE* may also be formed, as a stylistic variation, by putting **наиболее** (indeclinable), meaning 'the most', before the long form of the ADJECTIVE:
Эта картина наиболее красивая в музее.
This picture is the most beautiful in the museum.
Note that **наиболее** is also used to form the *SUPERLATIVE* of the ADVERB.
Наиболее красиво пела Зинаида.
Zinaida sang most beautifully of all.

2. SHORT (SUFFIXAL) SUPERLATIVE

Some adjectives with a *SHORT COMPARATIVE* in -ee (-ей) or -e can form a *SUPERLATIVE* by adding -ейший (or -айший if the preceding letter is ж, ч, ш, щ) to the stem. These *SUPERLATIVES* are declined like ADJECTIVES and have no SHORT FORM:

Новая опера пользовалась величайшим успехом.
The new opera enjoyed the greatest success.

Note: Sometimes the prefix **най-** can be used to strengthen even further the *SUPERLATIVE* meaning. However, this is a bookish form which you will need to know only passively:
Герой произведения наидобрейший человек.
The hero of the work is an exceptionally kind person.

УПРАЖНЕНИЯ

а)   Ответьте на вопросы, используя материал в скобках:

Образец: Почему вы выбрали чёрную рубашку? (красивый/жёлтый)
           Потому что чёрная рубашка красивее жёлтой.

1. Почему вы читаете французские романы?   (интересный/китайские)
2. Почему вы смотрите ковбойский фильм?   (смешной/документальный)
3. Почему вы пьёте яблочный сок?   (вкусный/минеральная вода)
4. Почему вы купили билет в кино?   (дешёвый/театральный билет)
5. Почему вам нравится эта квартира?   (просторный/старый)

б)   Ответьте на вопросы, используя материал в скобках:

Образец: Почему вы выбрали эту книгу? (известный/Европа)
           Потому что эта книга одна из самых известных в Европе.

1. Почему вы хотите смотреть эту пьесу?   (значительный/репертуар)
2. Почему вам нравится эта картина?   (потрясающий/галерея)
3. Почему вы увлекаетесь живописью?   (интересный вид искусства/мир)
4. Почему вы любите этого композитора?   (талантливый/Запад)
5. Почему вы купили эту картину?   (хороший/выставка)

в)   Переведите на русский язык:

1. We are in the most beautiful museum in the country.
2. They are talking about a bigger collection of paintings than we are.
3. They bought the most expensive pictures of all.
4. It is colder here than in the exhibition hall.
5. My elder brother has fewer books than I do.
6. Do you think Bulgakov describes people better than Rasputin does?
7. Vodka is much stronger than water.
8. Send me some books — the sooner the better.
9. Her younger sister reads as much as possible about painting.
10. He's busy with a more interesting picture at the moment.

Часть вторая: ПРАКТИКА

Текст 1:   ТЕАТРАЛЬНЫЕ НОВОСТИ

«ВКЛЮЧИ-ДЫХАЙ»

Английская национальная опера предлагает зрителям новый «ароматизированный» вариант оперы С. Прокофьева «Любовь к трём апельсинам». Режиссёр Р. Джоунс разработал дополнительный канал восприятия спектакля – «включи-дыхай». Вдобавок к музыкальному и зрелищному театральному представлению посетитель может его ещё и обонять. Это, по мысли режиссёра, выводит театральные возможности на новые рубежи технического совершенства. Находка состоит в том, что каждое сиденье в зале оборудовано специальной ароматической панелью. Слегка царапнешь её в определённый момент и ощутишь соответствующий запах. В данном случае – апельсиновый аромат. Но не только. Для лучшего понимания сущности дьявола Фарфарелло можно обеспечить таким же путём запах несвежего яйца.

«А почему, собственно, останавливаться на запахе? – говорит Дж. Роккуэлл, американский журналист. – Ведь у человека пять чувств. Чтобы оперное искусство полностью отрабатывало себя в человеке, можно было бы добавить к звуковому, зрительному, обонятельному, ещё осязательные и вкусовые воздействия на сидящего в зале».

ГАСТРОЛИ

Сейчас в США с успехом проходят выступления советских артистов балета во главе с Екатериной Максимовой и Владимиром Васильевым.

Гастрольная программа включает себя дивертисмент и два балета, поставленные В. Васильевым, – «Фрагменты одной биографии» на музыку аргентинских композиторов и «Ностальгию» на музыку русских композиторов (первая редакция этого спектакля, показанная в Москве и Ленинграде, называлась «Я хочу танцевать»).

Тридцать лет назад юные Максимова и Васильев стали «открытием» гастролей Большого театра в Америке. Получилось, что в последний раз вместе с театром балерина приезжала в США в 1966 году, а Васильева в Америке не видели с 1975 года. Вполне понятно, что интерес к выступлениям этой всемирно известной балетной пары огромен.

«Максимова и Васильев, – пишет корреспондент газеты «Нью-Йорк пост», – это легенды двадцатого века. Оба не имеют себе равных, оба, безусловно, являются величайшими танцовщиками нашего времени, и слава их никогда не меркнет».

A. Ответьте на вопросы:

1. Why is R. Jones' production of Prokofiev's opera unusual?
2. How are the unusual effects achieved?
3. What suggestions does J. Rockwell make about future developments?
4. Describe the programme of the touring Soviet ballet company.
5. Why are the Americans so interested in seeing Maksimova and Vasil'ev?
6. How does the *New York Post* correspondent describe these two dancers?

Б. Выберите себе партнёра и разыграйте по ролям:

А.

1. Ask where Б. would like to
    go this evening.

2. Find out if it's a play or
    just a concert.

3. Say you're not sure, you
    think it'll be a bit too
    serious for you.

4. Say you're not too keen on
    opera, you usually find it a
    bit boring.

5. Ask if it's more interesting
    than the ballet Б. made you
    go to last month.

Б.

1. Say you've just had some good
    news - *Love of Three Oranges*
    is on at the theatre.

2. Say you can't believe what
    A. is saying - it's an opera
    by Prokofiev, of course.

3. Say not at all. It's a very
    interesting musical and visual
    spectacle.

4. Say A. won't find this boring
    because it's a brand new
    production.

5. Say the opera will be just as
    wonderful as the ballet and
    you'll go on your own if A.
    doesn't want to come.

В. Посмотрите внимательно на образцы, затем составьте свои предложения:

а) Образец: Рок-музыка/футбол/интересный.
                   На мой взгляд рок-музыка намного интереснее футбола.

1. Музыка девятнадцатого века/современная музыка/романтичный.
2. Балет/кино/хороший.
3. Новое представление «Щелкунчика»/старое представление/плохой.
4. Проводить день на стадионе/вечер в театре/приятный.

б)   Образец: Ромео и *Джуллета/замечательный балет.*
                        Ромео и *Джуллета* один из самых замечательных балетов
                        в репертуаре.

1.   «Вишнёвый сад»/известная пьеса.
2.   «Борис Годунов»/популярная опера.
3.   «Пиковая дама»/важная опера.
4.   «Петрушка»/впечатляющий балет.

Г.   Прослушайте следующее сообщение и вставьте пропущенные слова:

Актёры народного театра «Искатели» – _____ и студенты, инженеры
и _____ – молоды: средний _____ участников труппы
около _____ лет. После рабочего дня _____ они на
репетиции, а в _____ выступают со _____ в домах культуры
и школах, на _____ и в воинских частях. _____ _____ своих
отпусков выезжают с _____ по стране. И _____ их принимают
радушно. Народный театр «Искатели» _____ уже почти двадцать лет
и можно уже говорить о _____ труппы. Главная _____ от
своего _____ радость и дарить её зрителям.

Д.   Переведите на русский язык:

It was Nastya's birthday last week and I decided to take her to the
theatre. The tickets were far more expensive than I had thought they
would be, but as I had already asked Nastya, I had to buy them any-
way. It was much further from the bus stop to the theatre than we had
realised and we almost missed the beginning of the first act. Nastya
said it was the best production of *Hamlet* she had ever seen, but I
found it just as tedious as *Macbeth* which we saw last month. I like
the interval best of all – that is if I can manage to get an ice-cream
or a glass of champagne!

Текст 2:   КУЛЬТУРА ПРОСИТ ЗАЩИТЫ

Перестройка вернула народу многие художественные ценности, открыла ему
доступ к трудам крупных мыслителей прошлого, подвергнутых прежде
остракизму.

Но и слепой видит, что донельзя убог «гардероб» нашей культуры, а
перепадающие с бюджетного стола крохи едва ли способны поддержать её
ослабленный организм.

Статистика тут крайне печальна. В среднем мы теряем   ежедневно 12 памятников истории и культуры. Каждый пятый театр в стране не имеет стационарного помещения, более половины концертных организаций – собственных залов. В капитальном ремонте нуждаются около шестидесяти процентов музеев. В аварийном состоянии более двух тысяч библиотек. В Москве, в Ленинграде гибнут от пожаров, затопляются водой бесценные сокровища крупнейших книгохранилищ страны. А ведь речь идёт о фундаменте культуры, стартовой площадке науки. Без хорошо поставленной библиотечной службы, без высокой культуры книги общество интеллектуально скудеет.

Без государственных субсидий культура существовать не может. Уже есть, кстати, предприятия, выступающие спонсорами важных культурных акций, вкладывающие свои средства в деятельность творческих коллективов. Но это пока ласточки, весны не делающие. Движение должно обрести размах, стать массовым. Тут и у кооператоров открывается возможность проявить свою цивилизованность, доказать, что они патриоты не только своего кармана, но и родного Отечества.

Да, культура стоит дорого, но бескультурье стоит дороже. Уже то, что страна на 28-м месте в мире по уровню образования, – свидетельство красноречивое. Невежество и непрофессионализм преследуют нас едва ли не на каждом шагу.

Дух коммерции всё больше оказывает влияние на эстраду, кино, театр другие сферы творчества. Здесь торжествуют откровенная пошлость, вульгарность, грубая эротика. Не хочется верить, что в нашей творческой среде, в обществе не найдутся силы, способные противостоять этому нарастающему процессу деградации искусства, защитить его достоинство. Если поверить футурологическим прогнозам, грядущий век будет гуманитарным. Повернётся лицом к человеку, его долговечным ценностям. Мы должны уже теперь сделать решительный шаг в этом направлении. Иначе окажемся на запятках мирового общественного прогресса.

A. Ответьте на вопросы:

1. Каким образом перестройка помогла в области культуры?
2. Какое сегодняшнее положение в театрах, музеях и библиотеках?
3. Какую роль должно играть правительство?
4. Объясните значение пословицы «одна ласточка ещё не делает весны».
5. Каким образом кооператоры должны помочь?
6. Что мы узнаём об уровне образования в СССР?
7. Какого мнения автор статьи о современных кино, эстраде, театре?

Б. Переведите на английский язык:

«Не хочется верить ... мирового общественного прогресса.»

Прослушайте следующее интервью между журналистом и С.С. Гейченко, главным хранителем Пушкинского музея-заповедника в Михайловском. Затем напишите ваши ответы на вопросы по-английски. Вы прослушаете интервью два раза.

1. What change has there been recently in the way important visitors are received at the Pushkin Museum in Mikhailovskoe?
2. When did the American ambassador visit the museum?
3. Who else was in the ambassador's party?
4. What did Geichenko show them?
5. How could he tell that they were familiar with Pushkin's works?
6. How does the museum record important visits?
7. What record of his visit did the American ambassador leave?

Г. Опрос! Узнайте мнение у членов вашей группы о следующих вопросах:

а) Должно ли государство субсидировать культурную жизнь страны?
б) Стоит ли изучать культуру (литературу, музыку, искусство, кино и т.д.) зарубежных стран, если вы изучаете иностранные языки?

Теперь напишите отчёт об их мнении и о своём (120-150 слов).

Д. Вы только что посетили музей-заповедник одного великого русского писателя (или художника или композитора — выберите сами!). Напишите письмо (около 150 слов) главному хранителю музея. Не забудьте:

а) поблагодарить его за гостеприимство и помощь
б) объяснить, что вам было особенно интересно и почему
в) объяснить, почему вы любите творчество этого писателя (художника и т.д.)

Текст 3:   ЭРМИТАЖ.

Государственный Эрмитаж называют сокровищницей мирового искусства. В его богатейшей коллекции хранится почти два миллиона семьсот тысяч памятников истории и культуры всех времён и народов.

1764 год. В Петербург по повелению Екатерины II была доставлена коллекция картин, принадлежащих в основном кисти голландских и фламандских мастеров. До продажи в Россию она предназначалась для собрания прусского короля Фридриха II. Императрица Екатерина разместила их в Зимнем дворце, в Эрмитаже, «месте уединения». Этот год принято считать датой основания одного из крупнейших музеев мира.

Однако, ещё Пётр I, как известно, увлекался собиранием произведений искусства. Так, уже в первой четверти XVIII века стал вырисовываться профиль будущего музея.

Сегодняшний Эрмитаж – это 354 выставочных зала. Зимний дворец сам по себе является прекраснейшим произведением искусства. Эрмитаж, это огромные запасники, и библиотека, где собраны сотни тысяч томов книг по истории и искусству, и реставрационные мастерские, и многие другие помещения, предназначенные для научно-исследовательских работ.

В постоянной экспозиции Эрмитажа размещена лишь малая часть его сокровищ. А собрано здесь шестнадцать тысяч произведений живописи, двенадцать с половиной тысяч скульптур, более шестисот тысяч гравюр и рисунков, почти шестьсот тысяч археологических раритетов, двести шестьдесят тысяч памятников декоративно-прикладного искусства и более миллиона произведений медальерного искусства и монет. Три с половиной миллиона посетителей проходят за год по залам этого музея.

Без малого шесть десятилетий трудится в Государственном Эрмитаже Борис Пиотровский. Последние 25 лет он руководит всем музеем. Как и его предшественники, нынешний директор заботится о приумножении авторитета Эрмитажа. Только за последние 25 лет здесь состоялось 250 иностранных выставок, столько же экспозиций музей направил за рубеж. В юбилейные дни ещё одна выставка шедевров западноевропейской живописи XVI-XIX веков, присланных музеями Европы и США, открылась в залах Эрмитажа. Двенадцать собраний мирового значения поздравили юбиляра с его 225-летием, предоставив на обозрение зрителей лучшие жемчужины своих собраний.

A.   Правильно ли вы поняли текст? Прочитайте следующие утверждения и скажите, правда ли они или неправда :

1.   Эрмитаж далеко не является музеем одного искусства западной Европы.
2.   Основная часть собрания Эрмитажа была куплена в подарок прусским королём.
3.   Эрмитаж был основан в семнадцатом веке русской царицей.
4.   Екатерина II была не первой в России, интересующейся собиранием

произведений искусства.

5. Когда посещаешь Эрмитаж, понимаешь, что его красота заключается не только в выставках картин и скульптур.

6. Бывший Зимний дворец сегодня полностью посвящается выставкам истории и культуры всех времён и народов.

7. Произведения живописи составляют большинство экспонатов сегодняшнего Эрмитажа.

8. Эрмитаж посылает за границу больше экспозиций, чем принимает обратно.

Б. **Что означают следующие слова и фразы? Объясните своими словами по-русски :**

1. сокровищница мирового искусства
2. принадлежащий кисти фламандского мастера
3. место уединения
4. археологический раритет
5. шедевр

В. **Прослушайте интервью журналиста с директором Эрмитажа и ответьте на вопросы по-английски. Вы прослушаете интервью два раза.**

1. What does the Director like most about the Hermitage?
2. How is the collection added to nowadays?
3. Why are contacts with foreign museums so important in the Director's view?
4. Name three foreign exhibitions he singles out for special mention.
5. What find was recently made in the Hermitage?
6. What final hope is expressed by the Director?

Г. **Переведите на русский язык :**

A museum can be called a treasure-house of history and culture. Its exhibits, belonging to the whole nation, must be considered a collection for present and future generations. It is the director who creates the profile of a museum and has the right to decide which of its treasures should be on permanent view to visitors. Although his predecessors collected the works of art and rare archeological items necessary to enhance the museum's authority, the present-day director must manage the museum and above all concern himself with the thousands of visitors passing through his premises every day.

Д.   Опрос! Что думают члены вашей группы о музеях? Выберите себе партнёра и сначала составьте список вопросов, которые можно включить в опрос. (Например, часто ли посещают музеи? почему ходят в музеи? предпочитают ли музеи или галереи и почему? какой самый лучший музей, который когда-либо посещали? должен ли вход в музей быть платным? и т.д.).

Придумав достаточно вопросов (7 или 8), задайте их всем членам группы. Потом, обсудите результаты опроса с учителем и напишите короткий письменный отчёт о своих выводах по-русски (120-150 слов).

Текст 4:   ГОВОРИТ КИНОМАТОГРАФ

Сейчас народному артисту РСФСР Никите Михалкову сорок пять. За его плечами десятки киноролей, несколько сценариев, но главный его творческий актив – созданные им фильмы: «Раба любви», «Неоконченная пьеса для механического пианино», «Без свидетелей», и т.д. Никита Михалков один из советских кинорежиссёров, попытавшихся создавать свои картины на базе зарубежных кинофильмов. Что дал режиссёру этот опыт? Какой представляется ему работа в условиях, совершенно непохожих на быт советских киностудий?

Он глубоко убеждён в том, что чем больше советских актёров, режиссёров, музыкантов, художников будут показывать своё искусство за рубежом, тем больше выиграет советское искусство в целом. На его взгляд художник – это дерево, которое питается от своих корней, но ветвями обнимает весь мир. Проблемы кинематографа повсюду одни и те же, ибо перед каждым художником встают извечные вопросы: что он хочет сказать, и как он может это сделать? Михалков считает, что с практической точки зрения на Западе работать удобнее. Однако, полнейшая зависимость от денег, на его взгляд, отрицательно сказывается на творчестве. Такая система заставляет кинематографа быть максимально мобилизованным, находиться в рамках плана и сценария и почти исключает импровизационный момент. В мире кинобизнеса больших американских студий возможно только то, что умещается в смету, и если нужно добавить хотя бы один доллар, возникают серьёзные трудности.

Михалков лично предпочитает европейскую манеру и европейские права режиссёра ибо для него сценарий только повод, а не догма, которой надо слепо следовать. Особенно нравится ему Италия. Все итальянцы, заметил он, прекрасно работают. И не потому вовсе, что боятся наказания за плохо выполненное дело – просто им стыдно работать плохо. Вообще, главное превосходство западного кинопроизводства, по сравнению с советским, в его техническом совершенстве. Советские тратят огромные усилия на конструктирование велосипеда из подручных средств, сооружают атомную электростанцию на съёмочной площадке, практически имея только гвоздь, кусок проволоки и дощечку.

Что касается участников кинематографической группы, то Михалков на сугубо профессиональных отношениях не смог бы снимать кино. Для него кино не ограничивается действиями на съёмочной площадке – должно быть ещё духовное товарищество, какой-то дополнительный творческий источник. Так вот, работу в киногруппе, особенно там, где требуются терпимость, внимательность, чуткость, он поручал бы только своим, ибо бескорыстие при полной самоотдаче, считает он, это пока что удел лишь его соотечественников.

А. **Ответьте на следующие вопросы по-русски:**

1. Чем Никита Михалков известен?
2. Чем отличается его опыт от опыта большинства его соотечественников?
3. Какое у Михалкова мнение о сотрудничестве с Западом?
4. Почему в одном смысле кинематографу не трудно работать где-нибудь за рубежом?
5. По мнению Михалкова, какие есть преимущества и недостатки для кинематографа, работающего на Западе?
6. Почему он критикует «техническое несовершенство» советского кинопроизводства?
7. Почему Михалков всё-таки предпочитает работать с советской киногруппой?
8. Прочитав эту статью, какое впечатление о характере Михалкова сложилось у вас?

Б. **Прослушайте отрывок из интервью Михалкова с корреспондентом и ответьте на вопросы по-английски:**

1. What image is used by the journalist to describe Mikhalkov's preparation for his new film?
2. Who is Rustam Ibragimbekov?
3. What is the subject of Mikhalkov's new film?
4. What period of history will it cover?
5. Where will filming for it take place?
6. In what language will the film be made?
7. What reason is given for this?
8. What is Mikhalkov's attitude to current affairs?
9. How does he define the basis of his 'professional freedom'?

В. К концу интервью, Михалков обсуждает своё и чужое отношение к сделанным им фильмам. Перепишите отрывок, записывая отсутствующие слова из списка внизу. Осторожно! Не все слова в списке будут нужны!

Думаю, не ошибусь, _____ предложу, что есть _____, которые терпеть не _____ все мои фильмы. Есть и такие, _____ любят их все, даже _____ не снятые. Но только очень _____ умеют любить по-настоящему: они прощают, _____ оценивают, не бояться сказать _____. Что же _____ моего отношения к собственным _____, то, в отличие от многих, я не дорожу ими, как _____ детьми. Но, конечно, и не открещиваюсь от _____. Больше _____ я люблю процесс их _____ – в этом вся _____ жизнь. Я бесконечно счастлив, когда _____ к новой работе. Это очень мучительно, но это сладкая _____, когда вдруг в тебе _____ ощущение какой-то сцены, эпизода, отдельной детали, подчас невыразимое _____. Но ты _____ – по-лу-ча-ет-ся!

всего; говорю; если; ещё; касается; кинокамера; кончаю; которые; люди; могут; моя; мука; немногие; них; правду; приступаю; режиссёром; родными; рождается; словами; смысл; создания; строго; сценарий; фильмам; чувствуешь.

Г. Выберите себе партнёра и обсудите место кино в современном обществе. Запишите свои мнения и мнения партнёра о следующих вопросах:

1. Нравится ли ходить в кино? Почему?
2. Чем отличается роль кино от роли телевидения в сегодняшнем обществе?
3. Что вы знаете о роли кино в Советском Союзе?
4. Какая важность кино по сравнению с другими видами искусства?

Потом, обсудите свои выводы со всеми членами вашей группы.

Д. Напишите сочинение на одну из следующих тем (около 250 слов):

а) «И театр, и опера, и живопись – все давно уже умерли. Живо лишь одно кино!» Что вы скажете в ответ на такое утверждение?
б) Какой у вас любимый вид искусства, и почему?

Е. Прочитайте и обсудите:

Конкурсы красоты ... А ведь еще недавно казалось, что такие состязания в СССР по-просту невозможны. Но вот минувшим летом в столице прошли выборы «Московской красавицы». Успех победительницы конкурса, школьницы Маши Калининой, осыпанной на глазах миллионов телезрителей цветами и подарками, оказался столь заразительным, что выборы региональных «мисс» лавиной прокатились по городам страны. У конкурсов красоты есть горячие поклонники. Есть и убеждённые противники.

Нужны ли нам конкурсы красоты? Почему они столь нелюбимы в нашей стране? Второй вопрос вообще несложный и ответить на него можно по пунктам:

Раз: Наша советская женщина всегда отличалась стыдливостью
         и скромностью.

Два: Большинство наших женщин не имеют возможности более-
         менее прилично одеться, обуться, нормально питаться.

Три: У нас абсолютно не развита индустрия моды, индустрия
         рекламы.

Четыре: Это и бесстыжие и унижение.

А может быть конкурсы красоты всё-таки нам нужны? На этот вопрос ответить можно следующими пунктами:

Раз: Они нужны как раздражитель общественного мнения.

Два: Они нужны как воспитатель вкуса.

Три: Они нужны для самоутверждения, без которого иная
         женщина просто может не состояться чисто по-человечески.

Четыре: Они нужны, чтобы красивые женщины не выехали за рубеж.

Вопросы к разговору:

1. По вашему мнению можно ли считать конкурсы красоты культурным явлением?

2. Вы поклонник или противник таких конкурсов? Объясните почему.

3. Убедительны ли вышеупомянутые пункты «за» и «против» таких конкурсов?

Chapter 10
НА ЗДОРОВЬЕ!

Часть первая: ТЕОРИЯ

КОШМАР!

Миша только что вернулся домой. Мать долго ждёт его. Миша входит в гостиную.

Мама	Миша! Наконец-то! Где же ты был? ... (*заметив, что Мише плохо*) ... Садись, что с тобой?
Миша	(*бледный, дрожа*) Колю только что увезли в больницу.
Мама	Почему? Что случилось?
Миша	Сейчас объясню ... Мы с Колей решили зайти в гастроном ... ты знаешь, там где продаётся украинская колбаса ...
Мама	Знаю, знаю ... а что?
Миша	Нам сказали, что нет у них украинской колбасы и что и завтра её не будет, потому что завтра выходной.
Мама	Ага ... я будто слышу, как это было сказано.
Миша	Мы с Колей громко жаловались друг другу на отсутствие колбасы, когда вдруг Коля споткнулся о порог, упал и ударился головой о тротуар.
Мама	Он потерял сознание?
Миша	Да. Я так испугался ... Вызвала скорую помощь одна из продавщиц.
Мама	А маме Коли позвонили?
Миша	Да, она сразу же пришла в гастроном и уехала с Колей в больницу. Я очень боюсь ...
Мама	Не волнуйся. Я сейчас позвоню в больницу ... (*звонит в больницу*) ... Не надо волноваться, Миша. Состояние Коли удовлетворительное. Ему сделали операцию. Мне сказали, что завтра мы сможем пойти к нему в больницу.

PASSIVES

This section examines how Russian renders PASSIVE constructions - i.e. not 'I washed the car' but 'The car was washed (by me)'.

There are four main ways of constructing the *PASSIVE*:
1. The inversion of active constructions;
2. The use of the third person plural without **они**;
3. The use of passive participles;
4. The use of reflexive imperfective verbs.

---

1. The *PASSIVE* can be formed by inverting the word order of the equivalent *ACTIVE* construction:

Я прочитал[а] книгу.
I read the book.
Книгу прочитал[а] я.
The book was read by me.
Они продают хлеб.
They sell bread.
Хлеб продают они.
Bread is sold by them.
Девушки будут читать газеты.
The girls will be reading the papers.
Газеты будут читать девушки.
The papers will be read by the girls.

2. Alternatively, a third person plural verb without any specified subject can render a *PASSIVE*. Word order is not important:

Книгу читают.
The book is read.
Продают хлеб.
Bread is sold.

Note: This type of construction is particularly useful when dealing with verbs which take the DATIVE:

Мне сказали, что Саша уже ушёл.
I was told that Sasha had already left.
Ему дали золотые часы.
He was given a gold watch.
Нам посоветовали ждать.
We were advised to wait.

3. The PASSIVE PAST PARTICIPLE can be used either standing alone or with the PAST or FUTURE of быть. The PARTICIPLE is always in the SHORT FORM:

Книга была найдена.
The book was found.
Дом будет продан.
The house will be sold.
Мнение основано на правде.
The opinion is based on truth.

4. Some passives involving inanimate subjects can be rendered by the REFLEXIVE form of IMPERFECTIVE verbs, followed, where appropriate, by the INSTRUMENTAL of the AGENT:

Книга легко читается всеми.
The book is read easily by all.
Вопрос будет обсуждаться на высшем уровне.
This question will be discussed at the highest level.
Такие пластинки продавались везде.
These records were on sale everywhere.

Note: also считаться (to be considered) + INSTRUMENTAL:
Операция считается опасной.
The operation is considered dangerous.

УПРАЖНЕНИЯ

а)   Прочитайте внимательно образцы, потом составьте свои предложения:

Медсестра|поблагодарить|родственники   →
Медсестру поблагодарили родственники.

1.   Анализы|провести|научный исследователь.
2.   Новые приборы|конструировать|талантливый учёный.
3.   Больной мальчик|развеселить|подарки.

     Молодой человек|сообщить, что больно будет   →
     Молодому человеку сообщили, что больно будет.

4.   Ученики|раздать нужные таблетки.
5.   Родственники|сообщить, что состояние больного тяжёлое.
6.   Студент-медик|объявить результаты экзаменов.

     Мы|сообщить|медсестра, что всё нормально   →
     Нам сообщила медсестра, что всё нормально.

7.   Студенты-медики|посоветовать|профессор, что надо
     посерьёзнее заниматься.
8.   Врач|подарить бутылку шампанского| благодарный пациент.
9.   Старшая сестра|передать|главный администратор, что
     в городе произошла авария.

б)   Вставьте нужное слово:

1.   Этот учебник _____ (is read) всеми студентами-медиками.
2.   Это лекарство _____ (is sold) во многих аптеках.
3.   Этот хирург _____ (was considered) особенно талантливым.
4.   Этот диагноз _____ (is based) на новых данных.
5.   Эта больница _____ (was built) десять лет назад.

Часть вторая : ПРАКТИКА

Текст 1:   БЮЛЛЕТЕНЬ: ЧТО НОВОГО В МИРЕ МЕДИЦИНЫ?

ДИАГНОСТИКА   В Ашхабаде открылся республикансий центр диагностики. В нём сконцентрирована техника, которая позволит проводить научные исследования, оказывать помощь тысячам людей. В центре можно исследовать практически весь организм человека и зафиксировать информацию на компьютере и видеоплёнке.

НОВЫЕ ПРИБОРЫ На Украине врач Александр Блискунов конструирует аппараты, которые возвращают движение рукам, ногам больных людей.

Сейчас доктор Блискунов вместе с коллективом, созданным при производственном объединении «Фотон», приступает к изготовлению аппаратов, необходимых тысячам больных. Врач работает над новыми приборами. Они позволят удлинять голень, бедро и плечо, формировать бедро при отсутствии бедренной кости. В данный момент доктор Блискунов лечит пациента, у которого пять лет назад после перелома левой ноги кость срослась неправильно и нога была короче на 12 сантиметров – пациент уже делает первые шаги.

Работами Блискунова заинтересовались за рубежом. Ведутся переговоры о создании совместного предприятия «Абас» для лечения больных с повреждениями опорно - двигательного аппарата.

НОВАЯ ОПЕРАЦИЯ Водителю Пятрацу Ловидайтису, литовцу, проведена операция, аналога которой в стране ещё не было. Ослабевшему сердцу пришла на помощь мышца спины. В результате тяжёлого кардиологического заболевания и нарушения ритма сердца Пятрац стал инвалидом. Ему не помогали постоянно увеличиваемые дозы лекарств. Врачи решились на операцию: они пользовались сокращающейся мышцей спины больного и электростимулятором, чтобы побуждать мышцу сокращаться в нужном ритме.

ЗУБЫ Примерно каждый третий-четвёртый ребёнок переносит травму зуба. Происходит это, к примеру, во время плохо организованных игр, особенно с палками, с хоккейными клюшками или с тяжёлым мячом, также когда ребёнок падает лицом вниз с качелей.

Если происходит полный вывих зуба, надо не идти, а просто бежать к зубному врачу. Надо знать, что в ближайшие часы после травмы можно снова укрепить в челюсти. Такая операция называется реплантацией.

A.   Ответьте на вопросы:

1.   What is the purpose of the technical equipment at the Ashkhabad centre?
2.   What kind of patient does Dr. Bliskunov treat?
3.   What project is he currently working on?
4.   Explain the case of the patient he is treating at the moment.
5.   What condition did Pyatrats Dovidaitis suffer from?
6.   What effect did medication have?
7.   What did doctors need to use in the operation?
8.   How common is dental injury among children?

9. When do these injuries happen?
10. Why should immediate treatment be sought?

Б. Прослушайте диалог между журналисткой и канадским инвалидом, которого зовут Рик Хэнсон. Он объехал весь мир на инвалидной коляске. Вы прослушаете диалог два раза. Затем напишите ответы на вопросы по-английски:

1. How long has Rick been in a wheelchair?
2. Give three details of his trip around the world.
3. Why wasn't he bored on his return to Canada?
4. How does Rick explain his positive attitude to life and difficulties?
5. What aim did Rick's friend Terry set himself?
6. Why is it surprising that he achieved his aim?

В. Посмотрите на картинку и вопросы. Напишите свои ответы, затем сравните их с ответами партнёра.

1. Как вы думаете, почему этот зубной врач смотрит в справочник?
2. Как чувствует себя пациент?
3. Вы бойтесь зубного врача, или вам всё равно?
4. «У зубного врача самое худшее не боль, а бормашина!» Вы согласны с этим мнением?
5. Сколько раз в год вы заходите к зубному врачу?
6. «Было бы лучше, если бы у нас было бесплатное зубное лечение!» Вы согласны с этим мнением? Почему/нет?

Г. Переведите на русский язык:

Kolya had been feeling ill for some time and was advised by his friends to go to the doctor's. He rang the clinic and was told to call in on Wednesday at half past nine. His bus was late and he arrived at the clinic - a rather gloomy place, built about thirty years ago - just in time. He explained to the doctor that he found it difficult to walk very far and painful to sit in one position for a long time. The doctor, who was generally considered to be very competent, explained that Kolya had injured his back and would have to spend at least two weeks in hospital.

Д. Послезавтра вашему другу, Коле, сделают операцию. Напишите ему письмо (120-150 слов), уверяя его, что всё будет хорошо. Включите следующие пункты:

а) мастерство хирургов
б) достижения современной технологии
в) польза эффективного лечения
г) доброта медсестёр
д) важность отдыха и лёгкой диеты

Текст 2: ИНДИКАТОРЫ НАРКОМАНИИ

Диагностика на ранних этапах алкоголизма или наркомании порой затруднена, ибо клинические симптомы этих заболеваний появляются не сразу. К тому же пациенты часто пытаются скрыть правду. Разумеется, современные методы обследования позволяют выявить присутствие в организме наркотических веществ. Однако для успеха лечения важно не только установить точный диагноз, но и выяснить, как давно человек пристрастился к пагубному зелью.

Уточнить диагноз и продолжительность болезни, определить средство, которым она вызвана, помогает новый метод, разработанный сотрудниками 2-го Московского медицинского института. В его основе - биохимический анализ крови на активность определённых веществ, которые являются своеобразными индикаторами поражения того или иного органа.

- Процедура исследований проста, - рассказывает один из авторов метода, профессор И. Пятницкая. - У пациента берётся из вены кровь. Её разделяют на фракции, и анализируют. Результат анализа выводится на печатающее устройство, и после соответствующей расшифровки данные передаются лечащему врачу. Они позволяют точно определить форму интоксикации организма, выявить индивидуальную чувствительность определённого органа на действие вредных веществ.

Новый диагностический метод уже используется в здравоохранении. Он помогает контролировать, воздерживаются ли от употребления спиртного и наркотиков те больные, которые уже лечатся.

А. Прочитав внимательно текст, на следующие утверждения ответьте «да» или «нет»:

1. Наркоманы никогда не готовы открыть всю правду.

2. Одного диагноза наркомании не хватает — другие данные тоже нужны.
3. Не всегда возможна диагностика наркомании или алкоголизма, когда заболевание только начинается.
4. То, что у пациента в крови во многом помогает врачу поставить диагноз.

Б. **Найдите в тексте слова, которые соответствуют следующим определениям:**

1. Время действия чего-нибудь. (абз.2)
2. Внешний признак, внешнее проявление чего-нибудь. (абз.2)
3. Разъединить на части. (абз.3)
3. Отказаться от, не позволять себе. (абз.4)
5. Сильно действующие вещества растительного или химического происхождения. (абз.4)

В. **Переведите на английский язык:**

«Процедура исследований проста ... действие вредных веществ.»

Г. **Прослушайте следующее сообщение и вставьте пропущенные слова:**

Американских врачей на ленинградской земле _____ тёплые дружеские рукопожатия, _____ коллег из детской _____ № 1. _____ год назад калифорнийские кардиохирурги вернули радость _____, детства своей _____ пациентки из СССР – _____ Маше Сенотовой. Теперь _____ в городе на Неве предстоит в _____ двух недель _____ серию сложнейших _____, совместно с советскими врачами. В дар клинике американские врачи _____ с _____ самое _____ диагностическое и хирургическое _____ общей стоимости более полумиллиона долларов.

Д. **Переведите на русский язык:**

Drug addiction is easily recognised because its specific clinical symptoms appear at a relatively early stage. Blood tests provide vital information that helps those working in the health service to establish the best means of treating the addict. But ultimately the patient must acknowledge his or her own responsibility to refrain from using drugs during treatment, which many addicts find very difficult.

Текст 3:   ИЗБАВЛЕНИЕ ОТ ВРЕДНЫХ ПРИВЫЧЕК

Тысячи и тысячи людей отвратил от табака, спиртного, наркотиков народный врач СССР А.Р.Довженко - т.е. от таких привычек, которые причиняют ряд тяжёлых болезней, например рак лёгких, сердечные болезни, рак печени и т.д. Его метод, зарегистрированный как изобретение, известный за пределами нашей страны, избавляет от вредных привычек на какое угодно, исходя от вашего желания, время - на год, пять, десять, двадцать лет, на всю оставшуюся жизнь.

Чтобы лечить пациента по методу Довженко нужен сначала психотерапевтический сеанс, а всего-то несколько десятков минут - и вы избавлены от болезней, размывающих человеческую личность. У Александра Романовича есть ученики. Один из них - Валерий Шпорин, дальневосточный врач, начал проводить с учителем сеансы в ЛТП (лечебно-трудовой профилакторий), чтобы быстрее вернуть людей к активной трудовой жизни. А почему бы не попробовать в колонии, тюрьме? Ведь многие преступления совершаются под действием алкоголя и наркотиков. И вот человек на пороге освобождения, и как важно шагнуть в мир, избавившись от вредных привычек. В одном из подмосковных ЛТП и в Можайской колонии уже проводились лечебные сеансы, отвращающие от алкоголя.

Метод заинтересовал американских медиков, они уже не однажды бывали на сеансах и, как говорят, желали бы видеть Александра Романовича в США.

А.   Ответьте на вопросы:

1.   Какая специальность у Довженко?
2.   Почему желательно отвратить людей от табака, алкоголя, наркотиков?
3.   По методу Довженко сколько времени требуется, чтобы избавить человека от вредной привычки?
4.   Почему особенно важно проводить такую работу в тюрьме и в колонии?
5.   Как относятся западные специалисты к методу Довженко?

Б.   *Прочитайте следующие мнения. Отметьте те мнения, кажущиеся вам наиболее правильными:*

1.   Я думаю, что

   а)   курение - опасное занятие
   б)   курение - антиобщественное занятие
   в)   курение - вполне приемлемое занятие
   г)   курение - глупое занятие

2. Я думаю, что

    а)   надо запретить курение только в ресторанах

    б)   нигде не надо запрещать курение

    в)   надо запретить курение во всех общественных зданиях

    г)   надо запретить курение, но только там, где есть опасность пожара

3. Я думаю, что

    а)   заядлым курильщикам нужна немедленная помощь

    б)   курильщики должны иметь право курить, если хотят

    в)   курильщики - легкомысленные, эгоистичные люди

    г)   курильщики подвергают опасности здоровье некурящих

Теперь выберите себе партнёра и сравните ваши мнения.
Объясните свои выборы друг другу. Следующие слова и
выражения вам помогут:

бронхит	портить/испортить
высокое кровяное давление	рак лёгких
дышать (тяжело)	свежий воздух
отдых	свобода выбора
пассивное курение	сердечная болезнь
пристрастие к никотину	стоимость табака

B. Прослушайте следующие отрывки и напишите ваши ответы по-английски.
Вы прослушаете каждый отрывок два раза:

1a. What is the main cause of meningitis?

  b. What percentage of French children die of this disease?

  c. What have tests on the new vaccine shown?

2a What is used in the new method for restoring sight?

  b. How long does the new operation last on average?

  c. What were the results of the operation for the first patient?

  d. How many such operations have now been performed?

3a. How many cases of serious injury are registered annually in the USSR?

  b. How do brain injuries tend to be caused?

  c. How many specialist centres are there for the treatment of speech
    defects in the USSR?

  d. What is the patients' daily routine?

Г. Переведите и впишите указанные глаголы в правильной форме:

1. Больница, в которой лежат тяжело больные, _____ (was opened) пять лет назад.
2. Алёше _____ (was told), что надо бросить курение.
3. Новости о тяжёлом состоянии больного _____ (was given) медсестра.
4. В театре курить строго _____ (is forbidden).
5. Поликлиника _____ (is situated) в самом центре города.
6. Рецепт _____ (was signed) молодой врач.
7. Молодым детям _____ (are not allowed) пить алкогольные напитки.
8. Этот новый метод лечения _____(was created) знаменитый врач.
9. Эта больница _____(was built) в 1989г.
10. Этот мальчик выглядит старше своих лет - он _____(was born) десять лет назад.

Д. Посмотрите на картинку. Этого человека зовут Виктор Павлович и, как вы видите, он заядлый курильщик. Напишите ему письмо (150 слов), объясняя, почему вы советуете ему бросить курение.

Текст 4: СПИД И ЩИТ ОТ НЕГО

Многим почему-то кажется, что СПИД от нас далеко. На самом деле его «раскаты» сейчас уже раздаются у порога наших домов, и свидетельств тому много. Не надо преувеличивать масштабы грядущей беды, но приуменьшать её можно считать преступлением: состояние нашего здравоохранения не гарантирует населению безопасности от этой «чумы XX века».

Мы можем заразиться СПИДом хотя бы... в кабинете зубного врача, не имеющего одноразовых свёрл. Не говорим уже об отсутствии одноразовых шприцев, о системах для переливания крови и другом медицинском оборудовании, через которое СПИД может распространяться. В некоторых городах СССР уже были вспышки массовых заражений, но радикальных мер по их предотвращению ни там, ни в других местах пока, насколько известно, не принимают.

Не будем подробно анализировать здесь, почему это происходит. Все знают, что болезнь распространяется в результате распущенных половых отношений, особенно гомосексуальных, и наркомании. К сожалению, уже нельзя убежать от проблемы. Факт остаётся фактом: СПИД на пороге! А поэтому сейчас главное в том, чтобы каждый из нас на своём месте сделал как можно больше для уменьшения опасности грядущей эпидемии и даже, как утверждают компетентные учёные, пандемии. Именно поэтому Грузинский фонд милосердия и здоровья считает своей первоочередной задачей профилактику и борьбу со СПИДом. Сознавая, что только нашими силами эту проблему не решить, мы обратились к широкой общественности и совместно проводим акцию обороны от болезни – «СПИД и щит». Она предусматривает сбор пожертвований в виде иностранной валюты и драгоценных металлов как от отдельных граждан, так и от коллективов промышленных предприятий, учреждений, кооперативов. Собранные средства будут использованы, в частности, для сооружения недалеко от Тбилиси завода по производству одноразовых шприцев, а также на приобретение их за рубежом.

Американский журнал «Нью рипаблик» опубликовал большой материал под заголовком «СПИД в СССР. Паника среди русских». Его автор, профессор занимающийся изучением этого заболевания у себя в стране, обвиняет своих советских коллег в том, что масштабы распространения СПИДа в СССР долгое время фальсифицировались: утверждалось, что для Советского Союза вирус СПИДа угрозы не представляет, так как отсутствуют необходимые для этого социальные условия. Истинные масштабы эпидемии СПИДа в СССР скрываются и сегодня, считает автор. По его мнению, «условия для распространения вируса в СССР благодатней, чем во многих африканских странах». В заключение профессор делает вывод о том, что Советский Союз в скором будущем столкнётся с небывалой эпидемией СПИДа, последствия которой, учитывая общее состояние советского здравоохранения, трудно предсказать.

А.

а) *Ответьте на следующие вопросы по-русски:*

1. Дайте две причины, почему автора волнует проблема СПИДа.
2. В каких условиях опасность заражения СПИДом особенно велика?
3. Что рекомендует автор?
4. Откуда возьмутся деньги, которые нужны на борьбу со СПИДом?
5. Почему американцев беспокоит положение в СССР?

б) *Прочитав внимательно текст, на следующие утверждения*
ответьте «да» или «нет»:

1. До сих пор в СССР были обнаружены только редкие случаи больных СПИДом.
2. Если советское правительство улучшит снабжение медицинским оборудованием оно во многом поможет борьбе со СПИДом.

3. Советские специалисты приуменьшают угрозу СПИДа не без основания.

4. Нельзя сказать, что только в развивающихся странах третьего мира нет средств бороться со СПИДом.

5. Советский Союз не может не обратиться за границу за шприцами.

Б.   Найдите в тексте слова, которыми в правильной форме можно заменить подчёркнутые слова в следующих фразах:

1. В конце коридора был слышен выстрел. (абз.1)
2. Обсуждая эту проблему, надо думать о будущих поколениях. (абз.1)
3. Несправедливость этого мнения вызывает порывы гнева. (абз.2)
4. До экзаменов я буду работать столько, сколько я смогу. (абз.3)
5. Нет эффективной защиты от этой болезни. (абз.3)
6. Надо думать заранее о возможных затруднениях. (абз.3)
7. У них было чувство растерянности, увидев больного. (абз.4)
8. Мы как правило не понимаем размеры проблемы. (абз. 4)

В.   Перепишите следующее дополнение к статье о СПИДе, употребляя в правильной форме подходящие слова из списка внизу. Осторожно! Не все слова в списке будут нужны!

Опираясь только на _____ общественности мы, конечно, не _____ всех _____ проблем. Вот почему _____ четыре кооператива, _____ от которых направим на _____ программ фонда. _____ скоро начнут _____ наши предприятия по _____ предметов медицинского и социального _____. Создаётся _____ организационный центр для _____ аукционов, лотерей, культурно-массовых зрелищ.

ангина; больной; выпуск; действовать; доход; заражение; иголка; к тому же; лечить/вылечить; назначение; научно-технический; пожертвование; проведение; профилактика; реализация; решать/решить; создавать/создать; финансовый; уже; укол.

Г.   Переведите на русский язык:

Members of the delegation were told that the illness was being fought in three ways. It is believed by experts that preventative measures, study of the causes of infection, and the construction of new factories to produce the necessary modern medical equipment will all help in solving the problem that already stands at our door. It was claimed that in the very near future doctors and other competent scientists must begin the struggle against the illness or broad public opinion will accuse them of not recognising in time the scale of the epidemic and of aiding the creation of favourable conditions for its spread.

Д.

а) Насколько точны мрачные прогнозы о СПИДе в Советском Союзе? Что думают по этому поводу советские специалисты, работающие над решением данной проблемы? Прослушайте интервью с руководителем специализированной научно-исследовательской лаборатории по эпидемиологии и профилактике СПИДа и ответьте на следующие вопросы по-английски:

1. How many people have been tested for AIDS in the USSR and how many cases of infection have been discovered?
2. What would be a more realistic estimate of the total number of AIDS sufferers in the USSR?
3. What problems in diagnosing AIDS have existed until now in the USSR?
4 What has not occurred in the USSR since 1987?
5. What are the Soviet expert's predictions for the year 2000?
6. What are the figures given at the end of the interview?

б) Прослушайте конец интервью с Вадимом Валентиновичем, потом сравните его с вариантом внизу. В этом варианте несколько слов заменено другими. Найдите правильные слова и запишите их. Затем запишите номера телефона и счетов в конце:

- Условия для эпидемии в СССР в самом деле есть. На полную удачу, на прекращение распространения эпидемии СПИДа в СССР до 2000 года наде-яться не возможно. К этому году можно предсказать несколько сот тысяч зараженных, но мы думаем, что сможем эффективно уменьшить такой показатель. Усилий и денег одного Минздрава явно не хватает. Создана Организация борьбы со СПИДом, призванная соединять всех, кто хочет принять участие сам или помочь с деньгами. Телефон ассоциации: ___-__-_____ , счёт в Жилсоцбанке СССР _____ , во Внешэкономбанке - _____ .

Е.   Обсудите с партнёром!

а) Почему СПИД является угрозой для современного общества?

б) Существует ли «щит» от него?

в) Роль милосердия и правительства в решении проблемы.

Потом, обсудив выводы в группе, напишите сочинение (около 250 слов) на одну из следующих тем:

а) СПИД – всеобщая проблема, всеобщая угроза.

б) Современная медицина – достижения и проблемы.

Ж.   Прочитайте и обсудите:

Есть множество самых разнообразных и весьма популярных комплексов физических упражнений. Мы предлагаем вам тайцзи-цигун главным образом потому, что он максимально эффективнен при минимальных затратах времени, требует минимум пространства и несложен в освоении. Заниматься этой гимнастикой могут и подростки, и люди, которым давно уже за шестьдесят. Места вам понадобится столько, сколько необходимо для того, чтобы встать и сделать шаг вперёд. И это всё!

Особенность предлагаемых упражнений в том, что они стимулируют кровоток, улучшают функции внутренних органов, состояние всех тканей организма, включая кожу. Этот комплекс упражнений около 30 лет назад начал совершенствовать в своей школе шанхайский мастер боевых искусств Линь Хоцзань. Китайские специалисты считают, что если заниматься регулярно, гимнастика тайцзи-цигун активно способствует долголетию.

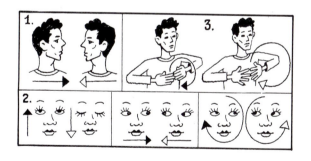

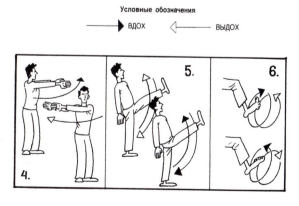

Каждое утро, сразу же после пробуждения, оставаясь в постели, поднимите руку за голову, сделайте всем телом потягивающее движение, и, стараясь максимально растянуться, задержитесь в таком положении на 1

минуту. Потом встаньте и сделайте 6 упражнений для разминки, вслед за которыми выполните основные упражнения.

Очень важно делать упражнения ежедневно, особенно если чувствуете себя усталым или если вы путешествуете: занятия помогут восстановить силы.

Предлагаемые упражнения просты. Следите лишь за тем, чтобы ваша поза была правильной, движения плавными, синхронными с дыханием, а внимание было сконцентрировано на выполняемом движении.

Вопросы к разговору:

1. Откуда происходит «гимнастика долголетия»?
2. Почему эта гимнастика особенно рекомендуется?
3. Вы думаете, что ныне мы в достаточной мере занимаемся упражнениями?
4. Вы занимаетесь какими-нибудь упражнениями (гимнастикой, плаванием)?
5. Вы предпочитаете очень «активные» занятия (например теннис, сквош) или более «успокоительные» занятия (например ийогу, тайцзи-цигун)? Почему?

LISTENING
COMPREHENSION

CHAPTER 1 – ДОСУГ

1.   Как пользоваться досугом?

1.   Десятки тысяч любителей бега из СССР и других стран ежегодно приезжают летом в советскую столицу на традиционный Московский марафон мира.

2.   Северный Кавказ. Здешние курорты – хорошие места не только для отдыха и лечения, но и для занятий горнолыжным спортом. Добротные гостиницы, лыжные трассы и подъёмники, наконец, чистый горный воздух – всё это Северный Кавказ.

3.   Кандидат биологических наук, спортсмен-любитель Сергей Найдич за тридцать пять дней прошёл на парусной доске «Виндглайдер» 1240 миль по периметру Чёрного моря.

4.   Вазу севрского фарфора – приз президента Французской республики – «Гран-при» Международного конкурса вокалистов в Тулузе получил молодой советский певец Игорь Струнин. Участвовало около ста певцов из тридцати стран.

5.   В Москве прошёл первый Всесоюзный конкурс красоты. Титул советской королевы оспаривали 35 девушек. Первой королевой красоты – «мисс СССР» – стала москвичка Юлия Суханова.

2.   Куда сегодня?

1.   *Отвечает народный депутат*

Журналист	Физкультура должна играть важную роль в жизни. Как приблизить её к людям?
Депутат	Примерно год назад было создано специальное управление, у которого широкая программа действий. И одно из самых важных направлений – создание детских и подростковых клубов.
Журналист	Сколько таких клубов уже создано?
Депутат	Сейчас в стране создано около 7 тысяч оздоровительных клубов подобного рода. До конца пятилетки число их возрастёт до 16 тысяч.
Журналист	А такие клубы нужны и взрослым?
Депутат	Безусловно. Такие объединения нужны взрослым, любителям различных видов спорта, таких, например, как волейбол или быстро завоёвывающий популярность теннис. У нас в Москве уже есть клубы, которые своими силами проводят очень интересные соревнования.
Журналист	А какая главная цель таких оздоровительных клубов?
Депутат	Я бы сказал, что главная цель – привить людям вкус к здоровому образу жизни, а не готовить резервы для большого спорта.

Журналист	Дорого стоит содержать детские клубы?
Депутат	Чтобы содержать один такой клуб стоит примерно 30 тысяч рублей в год.
Журналист	Какие ещё бывают проблемы?
Депутат	Вот, например ... строители обычно «забывают» соорудить в новых городских районах необходимые спортивные комплексы. Поэтому во дворах домов-новостроек мы чаще всего видим лишь заасфальтированные площадки и несколько берёзок.
Журналист	А по-вашему скоро будет перемена к лучшему?
Депутат	Думаю, что заметный шаг в развитии массовой физкультуры мы сделаем только тогда, когда в обществе изменится отношение к «физкультурникам», когда мы, наконец, осознаем, сколь глубока и драматична проблема, которую мы так долго откладывали на завтра, проблема охраны здоровья народа.

2.   Первые мотоциклетные соревнования в России прошли в 1898 году под Петербургом. В них наряду с трёхколёсными мотоциклами участвовали автомобили. Но мотоцикл доказал, что он быстрее – дистанция в 39 вёрст была пройдена победителем со средней скоростью 24,6 км/ч.

Сейчас иные скорости, иная техника, огромное разнообразие соревнований по мотоспорту – многое изменилось сегодня.

Но люди остались прежними, и их продолжает привлекать двухколёсное чудо. Это прежде всего, конечно, скорость, но мотоспорт даёт и другое – открытость всем ветрам, риск, балансирование на краю. Словом, мотоспорт это – полёт.

CHAPTER 2 – НАША ПЛАНЕТА

1.   Цена рисовой каши

Журналист	Анатолий Владимирович, вы родились в Одессе?
А.В.	В Одессе, да... в одном из самых знаменитых городов мира. Мне есть с чем сравнить – я моряк, побывал в разных странах, видел многое, не как турист. И то, что я видел тревожит меня ...
Журналист	А почему?
А.В.	Немало городов за рубежом считается просто опасной зоной: вода грязно-чёрная, над портами постоянно висит смог, проливаются кислотные дожди.
Журналист	А в Одессе?..
А.В.	Мне страшно даже подумать, что моя Одесса может превратиться в один из таких городов. Я ведь мечтаю о чистом городе.
Журналист	Я уверена, что вы не одни. Сейчас во всём мире идёт борьба против загрязнения окружающей среды. В Одессе какие меры принимают?
А.В.	Большое дело задумали комсомольцы – видимо им надоело слушать рассказы старших о том, как «было в наше время», и они решили активизировать себя в совместном деле.
Журналист	А что именно они делают?
А.В.	Они обращаются к комсомольцам, ко всем жителям Одессы, призывая их сделать всё возможное, чтобы сохранить Чёрное море, нашу природу.

**Журналист
А.В.**

Опять призывы? Не пора ли переходить к активным действиям? Конечно. Комсомольцы ставят конкретные цели... например – перевозить по Чёрному морю только экологически чистые грузы; некоторые комсомольские организации решили отработать свой выходной день на рабочих местах, а заработанные деньги отдать в экологический фонд.

2.   Здоровье планеты

1.   *Москва закрыта транзитному транспорту*

С 1 февраля городские власти запретили проезд через Москву иногороднего транзитного транспорта. По данным ГАИ, ежедневно в столицу въезжают 90 тысяч автомашин, следующих через Москву в другие города. Решение исполкома Моссовета вызвано желанием хоть немного улучшить сложную экологическую обстановку в городе. Однако, в московское ГАИ стали приходить письма с угрозами: «В ответ мы заблокируем дороги – не будем пропускать москвичей на дачи».

2.   *Тропические леса под угрозой*

Ежегодно во всём мире вырубается 11 миллионов гектаров тропических лесов, то есть площадь, равная всей Бельгии, или более 20 гектаров в минуту. С начала века исчезла половина тропических лесов планеты. В масштабах всей планеты треть кислорода вырабатывается лесами.

3.   *На помощь китам*

Изменить курс пришлось ледоколу «Москва», ведущему транспортные суда в районы Крайнего севера. Из селения Энурмино, на берегу Чукотского моря, поступило тревожное сообщение. Жители посёлка заметили несколько китов, которые оказались в ледовой западне. Получив из Владивостока согласие координационно-спасательного центра, «Москва» направилась к морским гигантам. До встречи с китами около двух суток хода.

4.   *Защита Средиземноморья*

Пассажиры круизных судов на Средиземном море испытывают тревогу за экологическое состояние региона. Средиземное море стало одним из самых грязных в мире. Ежегодно в него попадает 2 миллиона тонн нефти, или одна треть всех углеводородов, сбрасываемых в Мировой океан, 120 тонн минеральных масел, 60 тысяч тонн пестицидов. По некоторым прогнозам, при сохранении нынешних темпов загрязнения Средиземное море может стать мёртвым через двадцать лет.

5.   *«Ангара» прогнозирует здоровье*

Ангарский филиал Института биофизики сдал первые результаты исследований о влиянии промышленных выбросов на здоровье населения. Программа экологического мониторинга пока рассчитана на два года и оценивается в 1,3 миллиона рублей. Нынче коллектив филиала должен получить от своего города 567 тысяч рублей. Но это – не напрасно выброшенные деньги:

по заверениям учёных, уже сегодня «Ангара» может стать основой для создания региональной системы слежения за состоянием здоровья населения.

3. Остановить пустыни

Корреспондент	Вам кажется, что машина виновата в загрязнении окружающей среды?
Прохожая	Да, конечно. Неприятно из-за выхлопных газов. К тому же машины портят архитектуру. Тяжёлые грузовики особенно шумные. Машины злоупотребляют такими полезными ресурсами, как нефть и они доминируют дороги, что особенно опасно для детей и стариков.
Корреспондент	До такой степени промышленность наносит вред окружающей среде?
Прохожая	Фабрики и заводы меня больше всего волнуют; они загрязняют воздух, землю и реки. Лёгкая промышленность не так виновата, а тяжёлая индустрия очень виновата – такие отрасли промышленности, как машиностроение, выпускают много вредных газов и т.д. Конечно электростанции, АЭС, тоже причиняют загрязнение рек и морей. Некоторые реки уже «умерли». Вода – источник жизни; неизвестно какие будут последствия в будущем от злоупотребления природой сейчас.
Корреспондент	Можно ли улучшить положение?
Прохожая	Надеюсь, да ... но надо действовать сейчас и совместно. Мир один – что делается в одной стране может влиять на весь мир. Надо действовать сейчас, пока не поздно! Ведь надо заботиться о будущем, о наследии для детей.

4. Чтобы вернулись птицы

Корреспондент	Николай Сергеевич, вы всю свою жизнь работали химиком. Сейчас мы лучше понимаем химию – от неё есть не только польза, но и вред. Может быть надо уменьшить химическое производство и не строить новые заводы?
Ениколоповый	Развитие цивилизации остановить невозможно. Население нашей планеты растёт. Его надо кормить, обеспечивать комфортными условиями жизни. И во всём этом нужна химия – компьютеры, телевидение, радио, кино, магнитофоны, фотография – невозможны без химии. Сейчас наша страна должна перейти с экстенсивного на интенсивный путь развития. А это во многих случаях значит прежде всего использовать новые достижения химии. Без этого просто нельзя.
Корреспондент	Не будем спорить о пользе химии, она бесспорно есть. Но с другой стороны, ДДТ, много пестицидов и другие «достижения» химии стали бедой для людей. Мы увидели загрязнение водоёмов, кислотные дожди, гибель растений и животных, угрозу здоровью людей. Эти результаты химизации приобретают глобальный характер. Например, угроза «озонному слою», который защищает всё живое на планете от ультрафиолетового излучения, может быть идёт от холодильников, аэрозольных баллончиков. Летучие соединения фтора и хлора в них доходят до верхних слоёв атмосферы и вступают в реакцию с озоном.

	Разве нужны людям такие «достижения» химии?
Ениколопов	Да. Это вина химиков. Не всегда изучаются последствия химических продуктов. Нужна государственная процедура установления безвредности химических продуктов. А без этого они в наши дни просто не должны выйти из лаборатории.
Корреспондент	Это вы говорите о конечном продукте, но ведь чаще всего есть опасность в производстве, и в его отходах. Массовое производство имеет гигантские масштабы. Природа перестала справляться с «отходами»...
Ениколопов	К этому ведёт не только химия, но и вся индустриализация. Но я хотел бы, чтобы все поняли : с точки зрения большинства учёных практически нет научной проблемы в ликвидации вредных отходов. Это проблема не научная, не инженерная, а экономическая.
Корреспондент	Почему же химики ещё когда они разрабатывают новый процесс не ищут пути эффективной и экономичной утилизации вредных отходов?
Ениколопов	Это дело приоритетов. В академических исследованиях проблема отходов вообще считается «мелочью», недостойной внимания. Все деньги тратятся на разработку нового процесса, а системы очистки строятся в самую последнюю очередь или вообще остаются на бумаге. Однако, я думаю, что без разрешения Госкомитета СССР по охране природы ни одно новое производство не должно построиться, если не гарантирована его безвредность.
Корреспондент	Работа с химикатами всегда считалась вредной, но в прошлом болели только рабочие в химической промышленности. Сейчас часто страдает всё население окрестностей химических заводов и организовываются митинги протеста - люди стали более требовательны к условиям своей жизни, не правда ли?
Ениколопов	Согласен с вами. Роль общественности очень важна, но надо направить её деятельность по правильному пути. На мой взгляд сейчас надо посмотреть все химические производства и узнать, соответствуют ли они современным требованиям мировых стандартов технологии как по эффективности, так и по безопасности.
Корреспондент	А что делать с теми местными органами, которые требуют закрытия у себя химических производств и переноса их в другие места?
Ениколопов	А там что, не советские люди живут? Эгоизм - не выход из положения. Надо организовать безвредное производство - вот наша основная задача. Но тоже, я считаю, надо постепенно выводить из центров городов все химические производства. Когда-то они строились на окраине, а теперь находятся среди жилых домов. Это, конечно, нехорошо. Символ медицины - чаша с змеёй. Известно, что змея может ужалить, а может дать полезный продукт. Химия также выступает в двойной роли. Чтобы она не была жалящей «змеёй», надо сейчас изменить традиционные подходы и направить все усилия на создание безопасной и полезной химии. Другого выхода нет!

ТЕОРИЯ

1. Алло? Это Серёжа. Передайте, пожалуйста, что надо обязательно встретиться не в семь, а в полседьмого.
2. Алло? Это Николай. Передайте, пожалуйста, что меня не будет дома несколько дней. Я вернусь до выходных, однако.
3. Это Соня. Вот какой у меня вопрос : она едет на следующей неделе в командировку, или нет? Я слышала, что да, но хочу знать точно.
4. Это Иван. Я получил её последнее письмо и сразу написал ответ. Она получит его через несколько дней. Я его послал авиапочтой.
5. Это Валя. Я хочу почитать его книгу о Пушкине - ту новую биографию, которую он недавно купил и о которой он рассказывал на прошлой неделе. Мы пишем сочинение о прозе Пушкина.

ПРАКТИКА

1. Приговор вынесен

*Выстрелы в **департаменте** Магдалена*

Тринадцать **человек**, включая двух **государственных** чиновников и **семь** детективов, были **убиты** в департаменте Магдалена в *175* километрах от *столицы* Колумбии Боготы. *Все* они были **членами** юридической **комиссии**, направлявшейся в этот **район** для расследования **случаев** убийств по политическим **мотивам**. Нападавшие **находились** в засаде по обеим **сторонам** дороги. Огонь вёлся из **автоматического** оружия. Представители **властей** Колумбии *сообщили*, что в стране **действует** 140 полувоенных групп **правых** взглядов. В прошлом *году* в результате актов *политического* насилия погибли свыше *3,600* колумбийцев.

2. Отечественная «Мафия»

Корреспондент	Вы любите свою работу?
Полицейский	Как вам сказать,... жарко, и приходится по нескольку часов проводить на улице. Служба. Причём одна из самых сложных. На Сицилии, как вы, надеюсь, слышали, вести борьбу с преступниками крайне нелегко. Палермо, Катания, Мессина стали своеобразными вершинами «треугольника мафиози». В последние недели снова началась война кланов мафии. Выросла и преступность. Я вам советую аккуратнее ходить по городу с фотоаппаратом. Могут в мгновение вырвать.... Впрочем, на Сицилии такие случаи и не считаются «актом нападения», их даже не регистрируют.
Корреспондент	Какие тогда акты нападения регистрируют и сколько их?
Полицейский	Регистрируют те, которые принесли ощутимый урон.
Корреспондент	Что это означает?
Полицейский	Например, ограбление квартиры, кража ценных вещей, угон автомашины. В общем, когда нанесён многомиллионный ущерб. В Катании, например, за последние 12 месяцев зарегистрировано 2,250 крупных краж.
Корреспондент	А сколько преступлений раскрыто?

Полицейский	Предельно мало. 94,5 процента преступлений остаются нераскрытыми. Видимо, они никогда не будут раскрыты. Почему? Не хватает полицейских и карабинеров? Нет, службы общественного порядка и безопасности за последние годы значительно усилились. Но не забывайте: Сицилия живёт по своим законам многие десятилетия... На Сицилии, убивают, и не находят следов преступника. Например на днях случилось вот что. На восточной окраине сицилийской столицы убили 25-летнего Бенедетто Галати, родственника преступника Микеле Греко. Греко известный в гангстерском мире под кличкой «папа». Сейчас он проходит на процессе в Палермо по делу об убийствах и торговле наркотиками.

3.   Предстанут перед судом

1. Группа сотрудников ОБХСС МВД Якутской АССР обнаружила кражу промышленного золота в особо крупных размерах. Расхитителем оказался некий И. Касаев - ранее трижды судимый, без определённых занятий и постоянного местожительства. Сведения о похищении драгоценного металла поступали к сотрудникам ОБХСС Якутии давно. Но на след преступника долго выйти не удавалось.

Когда подозрение пало на Касаева, он решил замести следы. Он взял авиабилет на Москву на очередной рейс и сдал в багажник чемоданчик. Казалось бы, всё складывалось удачно, но скрыть волнение Касаеву не удалось. Сотрудники ОБХСС совместно с работниками транспортной милиции потребовали от него досмотра вещей. Когда открыли чемодан, обнаружили там грязную куртку рабочего, в карманах которой нашли 5 килограммов 420 граммов чистого золота.

Прокуратурой Якутской АССР в отношении И. Касаева возбуждено уголовное дело.

2. Бельгийская полиция обратилась в Интерпол с просьбой оказать содействие в расследовании похищения бывшего премьер-министра страны Поля Ванден Буйнантса. Об этом сообщил журналистам руководитель специальной бригады по борьбе с терроризмом Андрэ Вандорен.

По свидетельству бельгийских газет, расследование продвигается слишком медленно. С момента похищения прошла уже почти неделя, полиции не удалось выйти на след преступников. Неизвестно даже, жив ли ещё бывший премьер-министр или же стоит верить звонку неизвестного, который сообщил, что Буйнантс убит и его тело находится в лесу недалеко от Монса. Поиски в указанном месте результатов пока не дали.

Сын похищённого Кристиан опроверг появившиеся в печати сообщения о том, что террористы якобы старались вступить в контакт с семьёй Буйнантса. «Мы не имеем об отце никаких сведений», заявил он.

3. В 69-ое отделение милиции поступило заявление о том, что от Казанского вокзала украли автомобиль, который принадлежит государственному предприятию. Машину нашли, но уже не в Москве, а в одном из колхозов Горьковской области. 35-летний мужчина продал её за девять тысяч рублей. Взял 4 тысячи аванса. За остальными деньгами он обещал приехать позже, а заодно и привезти документы на машину. Но обещание своё он не выполнил, просто исчез.

Установлено, что продавец автомобиля - Виктор Зубков. В то время он работал водителем в госпредприятии. А помог Зубкову его друг и начальник гаража И. Герф. Дело рассмотрела судебная коллегия по уголовным делам Московского городского суда. Суд признал Зубкова виновным в угоне четырёх автомобилей, принадлежащих государственным предприятиям, трёх из них с помощью Герфа. Зубков приговорён к лишению свободы на восемь лет, а Герф — на пять. Оба с конфискацией имущества и отбыванием срока наказания в ИТК усиленного режима. Приговор может быть обжалован и опротестован в Верховный суд РСФСР.

4. Сильный взрыв произошёл в замбийском городе Ливингстон, передаёт Рейтер. Бомба была заложена неизвестными в грузовик, припаркованный у здания гостиницы. В результате два человека погибли, тринадцать получили ранения. Официальный представитель замбийских властей обвинил ЮАР в террористической акции.

5. В Перу вводят новый закон по борьбе с терроризмом, сообщает ЮПИ. Согласно ему лицам, обвиняемым в терроризме, грозит как минимум 25-летнее тюремное заключение. Новый жёсткий закон, вступивший в силу в пятницу, объясняется возросшей в последнее время в Перу волной террористических актов.

6. Некто (имя его не названо) покупал билет на самолёт до Миннеаполиса в аэропорту американского города Филадельфия. При этом позволил себе пошутить: «Дайте мне место у окна, подальше от бомбы». И немедленно был арестован. Вылет самолёта задержали. Пилот потребовал тщательный обыск. Досмотр продолжался полчаса. Бомбу не обнаружили. Никакого обвинения «шутнику» предъявлено не было.

CHAPTER 4 — ТРУД!

1. Капсула рекреации

Новые данные о структуре 60 миллионов трудящихся, занятых в Японии, сообщила статистика. Согласно предварительным выкладкам в докладе управления административного контроля, численность «белых воротничков» составила в прошлом году почти 20 миллионов человек. Это треть самодеятельного населения страны. К этой категории трудящихся местная статистика причисляет специалистов различного ранга, занятых в технической и управленческой сферах, а также служащих компаний и клерков. Таким образом, впервые за весь период индустриального развития Японии служащие и специалисты превратились в самый многочисленный отряд лиц наёмного труда страны, превзойдя численность «синих воротничков» — рабочих, непосредственно охваченных производственным процессом (чуть более 19 миллионов).

Эти изменения объясняются в первую очередь активизовавшейся структурной перестройкой в японской экономике. В частности, ускоряющимся в последние годы оттоком рабочей силой в сектор обслуживания. Только за прошлый год в Японии сменили работу 2.600 тысяч человек. Соответственно резко возросла и численность так называемых «нерегулярных», или временных рабочих, достигнув по всем отраслям 6,5 миллиона человек. На эту категорию в Японии не распространяются привилегии системы «пожизненного найма».

Как считают в японских профсоюзах, подобные процессы оказывают в том числе негативное влияние и на степень организованности рабочего класса страны. Несмотря на его всё возрастающую численность, процент объединённых в профсоюзы трудящихся с каждым годом падает и составляет ныне 27 процентов.

2. Придётся искать работу

1. Илья ТЕРТИЦА, штамповщик.

На заводе я десять лет. Работал на штамповальном станке. Станок старый, ручной. За день, бывало, до десятка тонн металла через мои руки пройдёт. Тяжеловато, конечно, хотя на здоровье не жалуюсь. Теперь с появлением нового оборудования часть штамповщиков заменят автоматы. Меняю профессию.

Когда я узнал о предстоящем сокращении, подумал: нет худа без добра. Дело в том, что я всё равно собирался менять профессию, надоела работа за десять лет, хочется испробовать что-то новое. Предложили переучиться на электромонтёра - сразу согласился. На время учёбы сохраняется прежний заработок. Освоюсь - буду получать больше, чем прежде. Считаю, ничего не потерял, скорее приобрёл.

2. Лидия ЛЕУШИНА, сборщица

Работала на участке, где собирают цепи транспортёров. Как только пошли у нас разговоры, что вот, мол, переходим на хозрасчёт и сборщиков останется на треть меньше, решила: не буду этого дожидаться, уйду сама. Ведь если подпаду под сокращение, то я вроде чем-то хуже тех, кто останется.

Пришла к начальнику цеха. «Если сократят,- говорю,- буду считать это обидой, лучше вообще уволюсь. Без места не останусь, на каждом углу объявления: «Требуются...» Он успокаивает, переходи, мол, на автозавод, там льготы дополнительные. Перешла. Получилось, что выиграла...

3. Юрий ГУБАРЕВ, монтажник-регулировщик

Я инженер. Четверть века служил в армии, вышел в отставку подполковником. Четыре года на своём заводе, занимаюсь регулировкой микропроцессорных систем. А недавно регулировщиков решили объединить в хозрасчётную бригаду, приём в которую - по конкурсу. И комиссия мою кандидатуру отвергла. Предложили работу в соседнем цехе.

У меня довольно высокая квалификация. Почему тогда не прошёл по конкурсу? Потому, говорят, что у тебя есть военная пенсия, ты и без нас проживёшь. Прожить-то проживу, да и в соседний цех зовут - правда, на менее квалифицированную работу. Но разве это справедливо? Разве не мастерство должно быть критерием при определении того, кому уходить и кому оставаться?

3. Равная оплата труда

1. Мужчины активнее в поиске высокого заработка хотя бы потому, что они более свободны в повседневной жизни. К тому же администрация предприятий, когда есть возможность выбора, предпочитает брать мужчин, потому что женщины - это в будущем проблемы по уходу за детьми, и т.д. Фактически это дискриминация, и корни его в том, что общество, эмансипация предоставили женщине «право» работать на два фронта.

2. Современные женщины, с успешной борьбой за равноправие в различных отраслях экономики, науки и культуры, не замечают, что они много теряют из-за неправильного отношения к любви, красоте семьи. Можно работать кем хочешь, но дома и в любви женщина должна оставаться женщиной.

3. В нашем городе уже более десяти лет не строятся детские сады и ясли. На 33 тысячи жителей всего 3 детских комбината да ещё 2 сада. Все они переполнены, а средства на строительство не выделяются. Это значит: сотни матерей ходят на работу с малышами – ну как можно так!

4. Бегут девчонки из деревень, и трудно упрекнуть. Они ведь о будущем по матерям своим судят. Женщина села несёт тройную нагрузку по сравнению с горожанкой. Понятно также, почему замужняя женщина чаще всего и настаивает на переезде семьи в город.

5. Судьбу многих женщин можно назвать подвигом, ежедневно сделанным во имя любви, семьи, мужа, во имя дела, которому посвятили жизнь. Но понимают ли это мужчины, ценят ли? Те, с кем я общаюсь, не скрывают благодарности и уважения жёнам, утверждают, что успехи супругов надо равно делить пополам. Но все ли женщины в нашем обществе так счастливы в этом отношении?

6. С 14 августа наша фабрика имени 8 марта работает без ночных смен. Значит около шестисот матерей не будут больше покидать дом и семью на «рабочую ночь». Сохранят нервы и здоровье, получат возможность более полноценной жизни – это, я считаю, громадный шаг вперёд!

4. Фабрику закрыли; безработных нет

Закрывая *предприятие*, в Минске проявили *такт*, терпение и *внимание*. Специально созданная *комиссия* знала всё о каждом *работнике* фабрики. И с *каждым была* личная *беседа*. На ней человеку *предлагали* работу. Если она была ему не по *душе*, спрашивали: каким *делом* он хочет заняться? Встречное желание *учитывали*. *Людям* предлагалось на выбор несколько *городских* предприятий разного *профиля* и, к счастью, *безработных* не осталось.

CHAPTER 5 – СТИХИЯ

1. Сообщают пресс агенства

На Среднее Поволжье обрушился мощный циклон. С ночи 22 сентября в Пензенской и Ульяновской областях разыгрались шквалистые ветры, прошли сильные ливни.

В ряде районов обеих областей за считанные часы выпало от трети до месячной нормы осадков. Порывы ветра достигали от 20 до 30 метров в секунду. Повреждены линии электропередачи, трансформаторные станции...

В 16 часов 22 сентября мы связались с Пензой. Руководства облисполкома на месте не оказалось – выехали в сельские районы.

По информации ТАСС, примерно такая же картина и в Ульяновской области, где без энергии остались животноводческие фермы в 62 хозяйствах. В Пензенской области – в городе и на местах – к концу дня ветер ещё бушевал. Было холодно.

Из Гидрометцентра нам сообщили: в Среднем Поволжье циклон продержится ещё ночь и к утру 23 сентября покинет эти области. Он всей массой упадёт на Урал. Там ожидаются сильные дожди, скорость ветра составит более 20 метров в секунду. Но такого сильного напора, как предполагается, уже не будет. Правда, в Пермской области, особенно на севере, возможен мокрый снег.

Однако действие этого циклона окажет влияние на погоду во многих других районах. Холод от циклона доберётся до Средней Азии – в ближайшие три-четыре дня здесь, по всей вероятности, резко ухудшится погода. Даже дневная температура в Средней Азии будет снижаться до 15-20 градусов.

2. Подвиг в Японском море

Самый напряжённый момент был когда **отказали** пожарные насосы. Тогда электромеханик Г. Ковалёв, обмотавшись **мокрыми** тряпками, пробрался к дизелям, запустил насос охлаждения главных двигателей. Ковалёв возглавил **список** награждённых. Специалисты также отмечают действия **команды** траулера «Важгорск». Он первый подоспел, швартовался к **каждой** шлюпке сам и сумел разместить триста терпящих бедствие в своих **скромных** помещениях, рассчитанных на три десятка моряков. И вовремя: через полтора часа начался шторм.

Крен спасаемого **теплохода** становился критическим, по **скользким** палубам невозможно было ходить. Руководителям операции **пришлось** принять трудное решение: прекратить борьбу с **огнём**. Спасательные работы на ещё горящем судне **закончились** лишь в порту. «Туркмения» потом была приведена в Золотой Рог, где, **по-видимому**, навсегда останется у причала: возник проект превращения судна в плавучую гостиницу.

3. Крушение на железной дороге

1. Свидетельские показания

Пассажир А   Происходило вот что: толчка не было. Вагон ведёт куда-то в сторону. Но наш вагон не упал. Двери, правда, нельзя было открыть. Мы увидели пламя. Однако паники не было, хотя было душно и жарко – мы пытались выбивать стёкла, и удалось это не сразу. Когда выбрались из вагона, увидели, что первые три вагона с локомотивом отъехали с рельсов, а пожар охватил почти весь состав. Седьмой и восьмой вагоны выбросило по разные стороны путей. Восьмой к тому же был под вагоном-рестораном, который горел интенсивно. Первые пожарные машины приехали минут через сорок после катастрофы. Добраться к дороге было трудно: железнодорожный путь, где произошла катастрофа, окружён болотами. Но всё-таки нам удалось освободить многих пассажиров седьмого вагона.

Пассажир Б   Наш вагон был почти последним – четырнадцатым. Вечером пошли в вагон-ресторан. Было очень жарко. Когда мы были между двенадцатым и одиннадцатым вагонами вдруг началась тряска, раздался грохот. Не помню, как нас выбросило на путь. Как-то образовалась группа молодых ребят, по-моему даже не знакомых друг с другом. Они помогали пострадавшим выбираться через разбитые окна, выносили из вагонов вещи.

2. *Последние известия*

а) Во вторник многие жители Владивостока опоздали на работу: остановился транспорт. Накануне к вечеру юг Приморья оказался во власти циклона с обильными снегопадами.

б) Серия довольно ощутимых подземных толчков произошла в начале года в Киргизии. Руководство строительной отрасли республики должно было заговорить по телевизору и в газетах о состоянии дел с сейсмозащитой жилых и производственных зданий.

в) Живого подняли советские рыбаки на борт своего траулера французского спортсмена Ги Ламонье, потерпевшего аварию в ходе попытки пересечь Атлантику. Лодка Ламонье в субботу была разбита штормовыми волнами.

г) По крайней мере 73 человека погибли и 80 получили серьёзные ранения в результате крушения пассажирского поезда в Мексике. По предварительным данным, состав сошёл с рельсов на мосту, который получил повреждения после сильных ливневых дождей.

д) Колумбийский авиалайнер разбился в Боготе примерно за три минуты до посадки во время тропической грозы. Самолёт упал в лес. Спасательные работы продолжаются, но местные власти думают, что погибли все 107 человек, находившихся на борту.

4.   Стихия не отступает

Часть первая

Вашингтон. Второй по величине город США Лос-Анджелес в минувшую пятницу испытал действие сильного подземного толчка. Это случилось в 7 часов 42 минуты утра по местному времени, когда многие жители города отправлялись на работу. Первый толчок силой в 6,1 балла по шкале Рихтера практически парализовал автомобильное движение на переполненных в это время лос-анджелесских шоссе, вынудил жителей города поспешно покинуть свои дома. В течение последующих трёх часов произошло ещё пятнадцать толчков.

Эпицентр землетрясения находился в десяти милях от центра города. Толчок ощущался на более чем двухсотмильном участке тихоокеанского побережья США, а в восточном направлении достиг Лас-Вегаса, находящегося в 300 милях от Лос-Анджелеса в штате Невада.

Погибли пять человек, свыше ста ранены. От разрушений пострадало большое количество жилых домов. В ряде мест произошли пожары, разрушены дороги. На время были закрыты аэропорты, обслуживающие Лос-Анджелес.

В Калифорнии находится целый ряд научных учреждений, занимающихся изучением землетрясений. Их приборы зафиксировали, что землетрясение произошло в результате подвижки горных пород на глубине 10 километров.

Часть вторая

Как известно, американский штат Калифорния находится в зоне тихоокеанского сейсмического пояса. Наиболее сильным землетрясением, происшедшим в Калифорнии в этом веке, явилось сан-францисское землетрясение 1906 года, в ходе которого погибли 452 человека. Нынешний толчок – самый сильный за последний двенадцать лет.

Американские учёные считают, что в предстоящие тридцать лет в Калифорнии может произойти чрезвычайно сильное землетрясение. Его наиболее вероятный участок – разрыв Сан-Андреас, проходящий через Калифорнию от Сан-Францисско на севере до границы с Мексикой на юге. Кроме того, по прогнозам, каждые три-четыре года в Калифорнии будет происходить землетрясение, подобное нынешему.

CHAPTER 6 – ГОРОД И ДЕРЕВНЯ

1.   Как живут на селе

1.   Оказывала *влияние* на миграционные процессы и слаборазвитая *инфраструктура*, невысок *уровень* торгового, бытового, *культурного* обслуживания на селе. К началу *1988* года из 272,8 тысячи сельских населённых пунктов, каждый третий не имел, *например*, постоянно работающего магазина. Лишь 39 процентов *детей* были обеспечены местами в *дошкольных* учреждениях. Отстала и медицина: *143* тысячи сел, где живёт *13* процентов сельского населения, не имели учреждений *здравоохранения*. За квалифицированными врачебными услугами *многим* приходится обращаться в *города*.

2.   Отвечает народный депутат

Журналист	Почему за последние 5 лет столько жителей Павловского района покинули свои деревни?
Депутат	Понять их несложно: нет магазина, школы, дорог. Трудно поверить, но даже в эпоху «развитого социализма», люди здесь не видели ковша чистой воды. Кто мог, ходил за 3 километра на реку, остальные топили в чайниках снег, собирали дождевую влагу.
Журналист	Не было силы, способной остановить процесс миграции из деревни, что ли?
Депутат	Да, не было... а весной прошлого года всё вдруг переменилось к лучшему, когда завод из соседнего города Павлова-на-Оке выкупил за полмиллиона рублей совхозное отделение. И тут совершилось настоящее чудо.
Журналист	А что именно случилось?
Депутат	За одно только лето заводчане сделали столько, сколько совхозным руководителям не удалось бы, наверное, за несколько лет. К каждой деревне теперь проложена асфальтированная дорога, построенный детский сад, водопровод. И – вовсе невиданное для здешних мест дело! – к деревням протянут газовой провод.
Журналист	А какую пользу заводчане извлекли из этого?
Депутат	Они тоже ощутили перемены. В своём магазине они теперь всегда могут купить цельное молоко. Появилось в продаже и мясо. Пока, правда, в ограниченных количествах. Но уже в нынешнем году, удвоив поголовье скота, планируется снять и эту проблему.

2.   Улица - лицо города

Корреспондент   Андрей Антонович, про вас иногда говорят, что в деловой, официальной среде вы агрессивный, хмурый, упорный человек. Справедливо ли это?

А.А.   Иногда так и надо.

Корреспондент   А когда надо?

А.А.   Когда речь идёт о старых зданиях ... ведь я хочу только одного: чтобы город Чернигов был красив и удобен, чтобы не торжествовала «бульдозерная архитектура», чтобы не исчезли старые камни и уютные деревянные дома.

Корреспондент   Значит, вы не считаете нужным делом построить горожанам приличные квартиры?

А.А.   Ну, что вы! Конечно же надо! Только строительство бетонных коробок рядом с древними соборами преступно! Некрасиво, неэкономично! Какое варварство!

Корреспондент   Бросается в глаза, Андрей Антонович, что вас трудно утешить по этому поводу!... Скажите, *как* по-вашему мы должны относиться к старым зданиям?

А.А.   Сейчас объясню. Предлагают организовать здесь в одном старом здании музей игрушки. Хорошо, но ведь жизни нет. Лучше бы отремонтировать здание и организовать мастерские, где бы делали глинянную и деревянную игрушку и тут же торговали ею.

3.   Сельский дом для горожанина

1.   С жильём в Караганде туго. Десятки тысяч людей ждут новых квартир.

2.   Под городом находятся огромные запасы угля. При их добыче разрушаются находящиеся на поверхности здания.

3.   Немало желающих иметь в городе свой дом с садовым участком.

4.   Не пугает людей и высокая цена за роскошный прямо скажем, дом. В зависимости от проекта она составляет 20-30 тысяч рублей.

5.   Ещё не заложили фундаменты домов, а прямо на окраине будущего микрорайона уже открылись магазин и торговая база, где можно приобрести чуть ли не всё: от гвоздя до приготовленного цемента.

4.   Москва, год 2000-й...

1.   Среднестатистическая советская семья составляет сегодня 2,8 человека.

2.   Скажем, в России, на Украине, в Белоруссии и Прибалтике лишь несколько процентов семей включает более 5 человек.

3.   В Азербайджане, Туркмении и Армении таких семей уже более 20 процентов.

4.   Интересные данные дают всесоюзные переписи, но они проводятся только раз в пять лет.

5. Следующая перепись впервые затронет вопросы обеспеченности людей жильём.

CHAPTER 7 — СЧАСТЛИВОГО ПУТИ!

1. Куда поехать?

Лазурный берег, или курортный район Ривьеры, протянулся вдоль средиземноморского побережья Франции через маленькое княжество Монако до самой итальянской границы. Тёплое синее море, прекрасные пляжи с мелким песком, защищённые от прохладных ветров южными альпами, богатая субтропическая растительность привлекают сюда миллионы туристов и отдыхающих со всех концов света. Купальный сезон на Лазурном берегу длится с конца мая до середины ноября.

Но не только щедрая природа притягивает сюда людей, а и многочисленные памятники истории, архитектуры. Особенно богата ими «столица» французской Ривьеры — Ницца. Здесь родился Гарибальди, жил Матисс, нашёл последний приют великий изгнанник России А.И.Герцен — в Ницце его могила.

По широкой набережной Ниццы, застроенной пышными зданиями дорогих отелей, нескончаемым потоком мчатся автомобили. Но есть в городе и тихие живописные уголки со старинными дворцами и фонтанами, которые так любят художники.

Площадь государства Монако, состоящего из трёх слившихся городов — Монако, Монте-Карло и Кондамина, — всего лишь 180 гектаров, в семьдесят раз меньше Парижа. Но на этом «пятачке» разместились и всемирное известное казино, и океанографический музей, и одна из самых мощных в Европе радиостанций, и многие другие достопримечательности, которые местные жители с гордостью показывают приезжим.

2. «Гавань» для туриста

1. Поклонникам пеших и велосипедных прогулок предлагается тур «Горы, море». Семидневное путешествие по горам Кавказа включает переход через горный хребет и спуск к побережью Чёрного моря. Отдых на одном из курортов Грузии.

2. Для любителей хоккея и фигурного катания — туры с обширной туристско-экскурсионной программой. Гарантируется предоставление билетов на спортивные соревнования. Организуются беседы с советскими спортсменами и тренерами, тренировки и обучение этим видам спорта.

3. Для лыжников ежегодно в феврале — «Лыжня России» — участие в марафонской лыжной гонке на 30 и 60 км (Москва и Подмосковье).

4. Тур «А ля карт» рассчитан на 8 дней. В его стоимость входят размещение в однокомнатных и двухкомнатных номерах, завтрак и обед или ужин, встречи и проводы на автомашине во всех городах маршрута, пролёт между городами. Срок пребывания в каждом городе турист определяет сам. Детям до двенадцати лет, совершающим поездку вместе с родителями, даётся 50-процентная скидка.

3. Вся страна в отпуске

Закрываются конторы, *предприятия*. В разгаре *рабочего* дня я приехал на *встречу* с начальником *отдела* компании «АЭС системз», Пертти Лаурила. Просто, как свою *квартиру*, он открыл солидное *здание* фирмы и извинился: - К *сожалению* некому приготовить для нас кофе. Но *что-нибудь* придумаем... Дальше Пертти объяснил, что многие *сотрудники* поехали на *юг* – в Италию, Грецию, на Канарские *острова*.

4. Паспорт в СССР

Журналист	Объясните, пожалуйста, где находится ресторан «Глазурь».
Администратор	Новый ресторан «Глазурь» разместился в старой части Москвы в двухэтажном особняке, построенном в конце XIX века.
Журналист	Это исключительно советское предприятие?
Администратор	Нет. В создании кооперативного ресторана участвовали советское объединение «Интурсервис», бельгийская фирма и американская фирма «Кока-Кола».
Журналист	И какую роль играет бельгийская фирма?
Администратор	Бельгийцы обставили ресторан мебелью, поставили оборудование для кухни и кондитерского цеха.
Журналист	А американцы?
Администратор	Они поставляют кооперативу прохладительные напитки. Подмосковный союз «Каширский» поставляет свежую зелень, овощи, мясные и молочные продукты. Латвийская фирма «Узвара» – форель и другую рыбу.
Журналист	Вы сказали, что ресторан находится в двухэтажном здании. Что ещё там есть?
Администратор	На первом этаже кафе на 40 мест. В меню – закуски, мороженое, прохладительные напитки. В баре – кофе, коктейли, сок. На втором этаже – ресторан на 80 мест. Днём в ресторане на рояле играет знаменитый пианист, а вечером – джаз-оркестр.
Журналист	Должно быть наши слушатели хотели бы знать адрес ресторана.
Администратор	Пожалуйста. Адрес «Глазури»: Москва, Смоленский бульвар, 12/19.

CHAPTER 8 – КАК МЫ ЖИВЁМ?

1. Острейшая проблема века

1. Генеральная Ассамблея ООН приняла в среду решение о проведении специальной сессии для обсуждения в срочном порядке и на высоком политическом уровне проблемы производства и контрабанды наркотиков. Вопрос о конкретной дате спецсессии пока остаётся открытым. Одно из предложений – провести её 20-23 февраля в Нью-Йорке. Окончательное решение Генеральная Ассамблея ООН примет в ближайшие дни.

2. Тревоги и волнения, которыми наполнен нынешний месяц в Намибии, имеют известное объяснение: слишком много накопилось за минувшие десятилетия вражды, ненависти. Избирательная кампания официально не объявлена, но

фактически она идёт несколько месяцев. На одном митинге собралось около 12 тысяч человек. Это была внушительная демонстрация поддержки СВАПО, выдвинувшей программу широкой социально-экономической перестройки и прежде всего отмены всех законов, дискриминирующих людей по цвету кожи.

3. По предложению правительства страны парламент Югославии утвердил изменение Закона о всеобщей воинской обязанности. Отныне отдельным верующим призывникам на действительную службу в армии разрешается исполнять свой воинский долг без ношения оружия. Против молодых людей, религиозные убеждения которых не позволяют им использовать оружие, теперь не будут применяться ни дисциплинарные, ни уголовные меры. Однако, срок их службы по сравнению с обычным увеличивается вдвое – с 12 месяцев до 24.

2. Жизнь среди компьютеров

Журналист	Какую роль играют компьютеры в современной жизни?
Степанова	Всё труднее найти сферу человеческой деятельности, где бы не использовались электронно-вычислительные машины.
Журналист	Какое влияние оказывают компьютеры на жизнь наших детей?
Степанова	Сегодняшний школьник должен быть готов к тому, что помощником в его будущей профессии станет компьютер. И в ребячьем досуге компьютерные игры занимают всё больше времени.
Журналист	В наших школах эффективно отвечают потребностям «компьютерного века»?
Степанова	Можно сказать, что в наших школах начали отвечать таким потребностям. Для приобщения детей к электронно-вычислительной технике компьютерами сейчас оснащаются школы, дома пионеров, пионерские лагеря и даже детские сады.
Журналист	Стоит ли детям работать с компьютерами?
Степанова	Безусловно. Дети быстро преодолевают робость перед незнакомой техникой, осваивают её даже легче, чем взрослые. А педагоги и психологи отмечают, что работа с компьютером развивает логическое мышление, целеустремлённость, организованность, уверенность в себе. Порой ученник, теряющийся у доски, чувствует себя намного смелее, выдавая решения на экране дисплея. Ведь возможности компьютера позволяют регулировать темп работы соответственно индивидуальным возможностям каждого ребёнка.
Журналист	Значит, вы хотели бы, чтобы все наши дети имели возможность работать с компьютерами?
Степанова	С некоторыми оговорками. Например, родители должны знать, что увлечённость электронной техникой таит в себе и определённые опасности. Не случайно работа операторов ЭВМ

занимает одно из первых мест по утомляемости. Она требует огромной концентрации внимания, сосредоточенности, напряжения зрения и мысли. Известно, что дисплеи могут стать источником различного рода электромагнитных излучений, ультрафиолетового, инфракрасного, и других. Поэтому ребятам необходимо помочь освоить правила работы с компьютерами, познакомить с элементарной техникой «компьютерной безопасности».

Журналист Как можно создать благоприятные условия для работы с компьютерами?

Степанова Экран дисплея должен находиться на расстоянии не менее 50–55 сантиметров от глаз. Школьникам, страдающим близорукостью, обязательно нужно при работе с компьютером надевать очки. Вместо обычных стульев, лучше приобрести удобные кресла, подобранные по росту детей.

Журналист Значит, работа с компьютерами может вредить здоровью?

Степанова Да. Многочасовое сидение за компьютером после урока вредит не только зрению, оно снижает до минимума двигательную активность, необходимую для нормального физического развития. Психологи также отмечают нежелательные последствия «компьютерного фанатизма»: ребёнок, проводящий у дисплея всё свободное время, начинает испытывать трудности в общении с другими детьми.

3. **Выше голову, одинокие!**

1. Я ветеран войны и труда, стаж сорок лет. Пенсию начислили 57 рублей. Пять лет назад умер муж. Родных нет, живу одна. В последнее время много говорят о перестройке, а нам, пенсионерам, стало жить во много раз хуже. За всё надо платить. Даже вызвать электрика для ремонта электропроводки не могу, денег нет. Пенсии на еду едва хватает. Бывает, сижу голодная... Пошла бы работать, но болею, еле хожу с палкой. О нас, ветеранах, вспоминают только в День Победы. А как мы в будни живём – никому, видно, нет дела. Сиди, жди смерти.

2. Самые несчастные люди у нас – это кто родился в 1905–1925 годах. Сначала революция, гражданская война, разруха, голод. Потом репрессии, вторая мировая война, опять разруха. Все силы мы отдали восстановлению народного хозяйства страны, а тут и старость подошла. Когда мы работали, зарплата была небольшая. По тем заработкам и пенсии нам начислены маленькие. А сейчас вдобавок ко всему деньги обесценены.

4. О ссоре: в шутку и всерьёз

Муж	Все говорят, что женщины – эмоциальны, а мужчины – рациональны. А я считаю, что всё как раз наоборот!
Жена	Очень интересно! А я думала, что женщиной движет сердце, мужчиной разум.
Муж	Наоборот! Женщина – это трезвый расчёт. Почему, как правило, семейным бюджетом распоряжается женщина? Да именно из-за своей практичности. Женщина всё взвешивает, распределяет. Это компьютер в юбке.
Жена	Да, пожалуй в этом ты прав. Ведь ты все наши деньги тратишь, не раздумывая.
Муж	...Тогда как женщина, если в семье заведутся лишние деньги, потратит их практично и мудро: на мебель, одежду... А мужчина? Мужчина истратит деньги на машину. И вызовет цепную реакцию: впоследствии нужно будет тратить деньги на бензин, на ремонт, гараж...
Жена	А знаешь, Петя, у меня сегодня масса дел, так что ...
Муж	Да! Если мужчина с размахом тратит свой досуг, женщина этого не умеет. Вот я сейчас говорю, а ты слушаешь. Только ты не только слушаешь, а ещё и вяжешь кофточку ... А если уж говорю, то только говорю.
Жена	Да (*вздыхает*) ... Минуточку, Петя – ты, чем попусту лежать на диване, сел бы и написал всё это.
Муж	Зачем?
Жена	Можно послать в какую-нибудь редакцию. Вдруг напечатают и заплатят ...
Муж	Ты так считаешь?
Жена	Только вот что, напиши как можно больше ... ведь платят в редакциях построчно.

CHAPTER 9 – КУЛЬТУРА

1. Театральные новости

Актёры народного театра «Искатели» – *рабочие* и студенты, инженеры и *служащие* – молоды: средний *возраст* участников труппы около *тридцати* лет. После рабочего дня *собираются* они на репетиции, а в выходные выступают со *спектаклями* в домах культуры и школах, на *заводах* и в воинских частях. *Во время* своих отпусков выезжают с *гастролями* по стране. И *зрители* их принимают радушно. Народный театр «Искатели» *существует* уже почти двадцать лет и можно уже говорить о *традициях* труппы. Главная – получать от своего *творчества* радость и дарить её зрителям.

2. Культура просит защиты

Журналист	У вас в музее бывают важные гости?

Гейченко	Конечно.
Журналист	И такие встречи проходят, должно быть, с хлопотами, суетами?
Гейченко	Ещё недавно при известии, что у нас будет важный гость, было бы много хлопот со стороны областных и районных властей. Теперь такие встречи проходят без заранее утверждённых «сценариев».
Журналист	Это лучше или хуже?
Гейченко	По-моему лучше. К примеру ... на прошлой неделе мне позвонили и сказали «К вам едет американский посол, встречайте...» Час был вечерний, музей уже закрылся...
Журналист	Значит, сложновато было?
Гейченко	Нет, что вы ... Я вышел на усадьбу, на краю которой я живу с весны 45-го года. Встретил Джека Ф. Мэтлока с супругой Ребеккой и сопровождающими их священником, врачом, шофёром.
Журналист	Вы показали им всё Михайловское жительство поэта?
Гейченко	Чуть ли не всё. Гости на прекрасном русском языке цитировали Пушкина, было видно, что основательно знакомы с его творчеством.
Журналист	Есть у вас книга посетителей, чтобы запомнить такие интересные встречи?
Гейченко	Конечно есть, то есть у нас книга впечатлений.
Журналист	А что записал американский посол?
Гейченко	Он поблагодарил нас за гостеприимство и тоже записал, что Пушкин был не только великим русским поэтом, но и великим поэтом всего мира... что он очень рад, что мы так успешно сохраняем память и любимые места великого сына русского народа.

3. Эрмитаж

Журналист	Что вам больше всего нравится в Эрмитаже?
Директор	Это без сомнения то, что на протяжении двух с четвертью веков формировался Эрмитаж, и каждое поколение хранителей этой исключительной красоты стремилось пополнить его собрание.
Журналист	Этот процесс продолжается и сегодня?
Директор	Купить первоклассные картины за рубежом в наши дни практически невозможно. Поэтому коллекция музея пополняется в основном за счёт даров советских и, что весьма ценно, иностранных граждан.
Журналист	У вас много контактов за границей?
Директор	Да. Иностранные выставки помогают нам восполнить пробелы в знакомстве с мировыми шедеврами. Со всеми крупнейшими музеями мира у нас существуют тесные контакты. Представительные экспозиции нам присылали Лувр, Вашингтонская национальная галерея, музеи Канады, Австралии. Показывались в Эрмитаже сокровища гробницы Тутанхамона, памятники культуры Мексики, народов африканского континента. Много ретроспективных выставок предоставила Япония.
Журналист	А Эрмитаж не только музей живописи, не правда ли?
Директор	Совершенно верно. Проводим мы и научные выставки, как правило археологические. Ведь наш музей ведёт не только

просветительскую, но и научно-исследовательскую работу. Радостную неожиданность принёс недавно сам Эрмитаж: во время капитального ремонта в стенах здания эрмитажного театра молодые энтузиасты-сотрудники музея обнаружили остатки дворца Петра I. Среди находок специалистов также интересны работа известного французского художника XVII века Беланжа «Оплакивание Христа», и картина Джампетрино, великолепного мастера эпохи Возрождения. Не могу не сказать об известном шедевре великого Рембрандта, «Даная», изувеченном маньяком. Реставраторы музея кропотливо трудятся над возрождением этого шедевра, и мы надеемся, что спустя время прекрасная «Даная» вновь будет радовать посетителей.

4. Говорит кинематограф

Корреспондент Как известно, сейчас вы вновь стоите у подножия горы, которую в скором времени предстоит штурмовать: готовитесь к съёмкам нового фильма.

Михалков Да, в соавторстве с Рустамом Ибрагимбековым уже написан сценарий «Сибирский цирюльник». Это романтическая история любви молодого юнкера и американки, приехавшей в Россию. Кинодрама охватывает двадцатилетие - с 1885 по 1905 годы. Основное действие развёртывается в Петербурге, съёмки пройдут также в Сибири и частично в американской офицерской школе в Вестпойнте. Сценарий рассчитан на американскую кинозвезду Мэрил Стрип. На другие роли приглашу советских актёров. В нашем фильме будет звучать и русская, и английская, и французская, и немецкая речь, как и было в той жизни, о которой мы хотим рассказать зрителю.

Корреспондент Если я правильно поняла, ваша новая работа к «Мосфильму» имеет лишь косвенное отношение. Вы по-прежнему сохраняете за собой статус свободного художника?

Михалков При всех отрицательных качествах моего характера едва ли кто-нибудь может сказать, что я когда-либо ставил свои творческие планы, помыслы, желания в зависимость от сиюсекундной политической ситуации. Я никогда не пытался подлаживаться под вкусы тех, кто управлял судьбой кинематографа, не ждал никакой награды, кроме зрительского признания. На этом и основана моя профессиональная свобода.

CHAPTER 10 - НА ЗДОРОВЬЕ!

1. Бюллетень: что нового в мире медицины?

Журналистка Рик, сколько вам лет?

Рик 27. А уже 12 лет не встаю с кресла.

Журналистка Расскажите мне немножко о вашем недавнем путешествии по миру.

Рик С удовольствием.   Я объехал мир за два года и два дня, пересек четыре континента и два океана, три пустыни и бурную Амазонку, спустился по Великой Китайской стене.

Журналистка	А вам не скучно было по возвращении в Канаду после такого приключения?
Рик	Нет, что вы! Я сразу же сел за работу над книгой, хотел как можно скорее и как можно ярче описать своё путешествие. Надеюсь, что в будущем году можно будет читать её и на русском языке.
Журналистка	Кажется, у вас очень положительный подход к жизни, к жизненным трудностям...
Рик	Конечно ... жизнь нам даётся только раз. У каждого свои слабости, у всех разные ... но важнее всего не сравнить себя с соседом.
Журналистка	А что вы больше всего цените в жизни?
Рик	Не что, а кого ... друзей, конечно. У меня отличные друзья. Например, мой друг Терри Фокс, который поставил перед собой цель пробежать всю страну. И он это и сделал ... на одной ноге, ... у него всего одна нога.

2. Индикаторы наркомании

Американских врачей на ленинградской земле **ждали** тёплые дружеские рукопожатия, **цветы** коллег из детской **больницы** № 1. **Ровно** год назад калифорнийские кардиохирурги вернули радость **жизни**, детства своей **первой** пациентке из СССР – **шестилетней** Маше Сенотовой. Теперь **уже** в городе на Неве предстоит в **течение** двух недель **провести** серию сложнейших **операций**, совместно с советскими врачами. В дар клинике американские врачи **привезли** с **собой** самое **современное** диагностическое и хирургическое **оборудование** общей стоимости более полумиллиона долларов.

3. Избавление от вредных привычек

1. В парижском институте Мэрие разработана новая вакцина, которая позволяет предотвращать менингит и другие заболевания, вызываемые опасной бактерией. Эта бактерия повинна в 50 процентах случаев гнойного менингита у детей во Франции, где ежегодно регистрируется до 500 таких заболеваний, причём от 3 до 5 процентов детей умирают и от 7 до 15 процентов страдают от последующих осложнений. В двух сериях проведённых испытаний вакцины было доказано, что новая вакцина действенна и практически не даёт неприятных побочных эффектов.

2. Новый метод восстановления зрения с помощью лазерного луча разработан кандидатом медицинских наук А.Семёновым. Первая лазерная операция – а длится она в среднем одну минуту – была проведена в сентябре 1988 года. Первый пациент, Р.Поврозник объяснил нам, что он не почувствовал никакой боли и что сейчас он чувствует себя прекрасно и работает в полную силу... очков, конечно, не носит. На сегодняшний день проведено уже более 80 операций.

3. Ежедневно в нашей стране регистрируется 800 000 тяжёлых ранений; десятки тысяч людей в результате автомобильных аварий и несчастных случаев получают черепно-мозговые ранения. Пятьдесят процентов тех, кому удаётся выжить, теряют работоспособность из-за тяжёлых расстройств речи и двигательных функций. Лечение таких больных требует комплексной медико-

педагогической работы с разными специалистами. В Москве существует пока единственный в стране центр паталогии речи. Центр способен принять лишь шестьдесят человек. Пациенты проходят курс лечения, получают лекарства, завтракают и обедают в стенах клиники, после чего уходят ночевать домой.

4.   СПИД и щит от него

Журналист   Вадим Валентинович, паникуют ли наши специалисты и каковы истинные масштабы эпидемии СПИДа в СССР?

Специалист   Паники нет, но серьёзная озабоченность существует. В настоящее время зарегистрировано 286 заражённых вирусом советских граждан, 10 из них уже больны СПИДом. Сведения эти были получены при обследовании примерно тридцати миллионов советских граждан. Учитывая то, что население страны приближается к трёмстам миллионам, реально можно ожидать цифры в десять раз больше.

Журналист   В связи с этим возникает вопрос об уровне той диагностической техники, которая применяется в СССР.

Специалист   Действительно, долгое время мы не развивали передовые зарубежные методы диагностики и столкнулись с трудностями при их производстве. До 1989 года в состав советских тест-систем входили импортные компоненты. Сейчас в СССР внедрена первая иммуноферментная система диагностики СПИДа, созданная в Институте вирусных препаратов. Кроме этого, у нас разрабатывается шесть новых тест-систем, три из которых уже прошли испытания. Число диагностических лабораторий в целом по стране приближается к четырёмстам, в дальнейшем планируется расширять эту сеть. Мы полностью обеспечили проверку донорской крови – с 1987 года в СССР не было отмечено случаев заражения СПИДом при переливании крови. Следует, однако, признать, что пока материальное обеспечение борьбы со СПИДом у нас значительно ниже, чем на Западе.

Журналист   Американский профессор даёт мрачный прогноз эпидемии СПИДа в СССР в ближайшие годы. Какова реальная ситуация?

Специалист   Почва для эпидемии в СССР действительно есть. На полный успех, на остановку распространения СПИДа в СССР до 2000 года рассчитывать не приходится. К этому сроку можно ожидать несколько сот тысяч больных, но мы надеемся, что сможем значительно уменьшить этот показатель. Сил и средств одного Минздрава явно недостаточно. Создана Ассоциация борьбы со СПИДом, призванная объединять всех, кто готов принять участие лично или помочь материально. Телефон ассоциации: 921-36-23, счёт в Жилсоцбанке СССР 700470, во Внешэкономбанке – 7800005.

VOCABULARY

авари́йный	emergency(*adj.*)	буква́льно	literally
ава́рия	accident; disaster	бунт	mutiny; revolt
		бурли́ть	to seethe
автофурго́н	van	бу́рный	stormy
а́кция	share (*fin.*)	бушева́ть	to rage, storm
ангина	tonsillitis	быт	daily life
анке́та	questionnaire	бытово́й	domestic, of daily life
апельси́новый	orange (*adj., fruit*)	валю́та	hard currency
арендова́ть	to lease	валя́ться	to lie about, loll
а́стра	aster	ва́рварство	barbarity
ба́ня	bath(s)	ввоз	import
бастова́ть/забастова́ть	to go/be on strike	вдво́е	twice
беда́	misfortune	вдоба́вок (к+dat.)	in addition to, into the bargain
бедро́	hip; thigh		
бе́дствие	disaster	ве́жливый	polite
безвозвра́тный	irretrievable	везде́	everywhere
бездея́тельность (f.)	inactivity	везти́ [мне везёт]	to be lucky
без ма́лого	almost	век	century
безотве́тственный	irresponsible	великоле́пный	magnificent, splendid
безобра́зие	disgrace		
безрабо́тица	unemployment	величина́	size
безразли́чие	indifference	ве́на	vein
безусло́вно	undoubtedly, absolutely	вербова́ть/завербова́ть	to recruit
		ве́рить/пове́рить (в+асс.)	to believe in
без ута́йки	frankly		
безысхо́дный	hopeless	ве́рить/пове́рить (+dat.)	to trust
бере́чь/по-/сбере́чь	to save; guard		
бескоры́стие	disinterested-ness; unself-ishness	верхо́вный	supreme
		верши́на	peak, summit
беспла́тный	free	вес	weight
беспоко́ить/ побеспоко́ить	to worry, upset (*trans.*)	ве́ский	weighty
		вести́ себя́	to behave
бессмы́сленный	senseless	весть (f.)	news, message
бесце́нный	invaluable	весьма́	highly, greatly
бето́н	concrete	ветвь (f.)	branch, bough
би́тва	battle	ве́чный	eternal
бич	scourge	вещество́	substance
благодари́ть/ поблагодари́ть	to thank	взаимовы́годный	mutually beneficial
		взаимоде́йствие	co-operation
благода́тный	beneficial; rich	взгляд	glance; view
благополу́чие	well-being	взве́шивать/взве́сить	to weigh (up)
благоприя́тный	favourable	взнос	fee
благоустро́йство	organisation of public services	вина́	guilt, fault
		видеоплёнка	videotape
бле́дный	pale	винова́тый (в+prep.)	guilty (of)
близору́кость (f.)	shortsight	вкла́дывать/вложи́ть	to put in; invest
богаде́льня	almshouse		
бога́тый	rich	включа́ть/включи́ть	to include; switch on
бо́дрость (f.)	cheerfulness		
боро́ться	to fight	вкра́тце	briefly
борт [на борту́]	board [on board]	вкус	taste
		вла́га	moisture
борьба́	wrestling; struggle	владе́ть/овладе́ть (+instr.)	to own, possess
брак	marriage; shoddy workmanship	власть (f.)	power, authority
бре́шь (f.)	gap, breach	влия́ние	influence
броди́ть	to wander	влюблённый	in love
бу́дни (m.pl.)	weekdays; everyday life	внедря́ть/внедри́ть	to introduce
		вне́шний	external; exterior
бу́йство	disorderly conduct	внима́ние	attention

внýтренний	internal, interior
внушáть/внушúть (+dat./+acc.)	to inspire, fill (a person/ with)
вовлекáть/вовлéчь	to involve; drag in
вóвсе не	not at all
водоём	reservoir
водопровóд	waterpipe
воéнный	soldier; military (adj.)
возводúть/возвестú	to raise, erect
возврáт	return
возглавлять/ возглáвить	to head
воздéйствие	impact, influence
воздéрживаться/ воздержáться (от+gen.)	to abstain, hold back (from)
вóздух	air
вóзле (+gen.)	near, by
возмóжность (f.)	opportunity; possibility
возникáть/вознúкнуть	to arise
возражáть/возразúть	to object
вóзраст	age
возрастáть/возрастú	to increase
Возрождéние	Renaissance
возрождéние	revival, rebirth
вóинская часть	military unit
войнá	war
волновáть/взволновáть	to agitate
воротничóк	collar
воспúтанность (f.)	good breeding
воспитáтель (m.)	educator
восполнять/восполнить	to fill in
восприятие	perception
восстанáвливать/ восстановúть	to restore
впечатлéние	impression
впечатляющий	impressive
вполнé	fully, entirely
впослéдствии	afterwards, subsequently
враг	enemy
враждá	emnity, hostility
в разгáре	in full swing
вредúть/повредúть (+dat.)	to harm
врéдный	harmful
врезáться/врéзаться	to be etched
врéменный	temporary
времяпрепровождéние	pastime
вряд ли	hardly
всерьёз	in earnest, seriously
вслух	aloud
вспыхивать/вспыхнуть	to flare up
вспышка	flare, flash
вставáть/встать дыбом	to stand on end
встревóженный	alarmed
вступáть/вступúть (в+acc.)	to enter
вступúтельный	entrance (adj.)
в такóм слýчае	in that case
в том числé	including
в чáстности	in particular

выбивáть/выбить	to knock out, kick out
выбирáть/выбрать	to choose
выбор	choice
выбросы	waste
вывих	dislocation
вывод	conclusion
выглядеть (+instr.)	to look (like)
выговориться	to have one's say
выделять/выделить	to allot; emphasise
выделяться/выделиться (+instr.)	to stand out, be distin- guished (by)
выздорáвливать/ выздороветь	to get better, recover
вызывáть/вызвать	to provoke; to summon
выигрывать/выиграть	to win
выкладка	calculation
вылазка	outing; sortie
вымáтывать/вымотать	to exhaust
вымогáтель (m.)	extortioner
вынуждáть/вынудить	to force, oblige
выпадáть/выпасть (+dat.)	to fail (to)
выпáривание	evaporation
выполнять/выполнить	to carry out, fulfil
выпускáть/выпустить	to release
выражáть/выразить	to express
вырисóвываться/ вырисоваться	to appear; stand out
вырубáть/вырубить	to cut down
высáживать/высадить	to plant
выставка	exhibition
выстрел	shot
выступáть/выступить	to appear (in public); come forward
выступлéние	appearance (in public); speech
высыпáться/выспаться	to have a good sleep
выхлопные гáзы	exhaust fumes
выходнóй день	day off
вышеупомянутый	above- mentioned
выявлять/выявить	to reveal
выяснять/выяснить	to explain; ascertain
вяз	elm
вязáть/связáть	to knit
гáвань (f.)	harbour
ГАИ (Госудáрственная автомобúльная инспéкция)	traffic police
галерéя	gallery
гардерóб	wardrobe; cloakroom
гастролúровать	to (be on) tour
гастрóльный	touring (adj.)
гвоздь (m.)	nail
георгúн	dahlia
гúбкость (f.)	flexibility
гúблое дéло	bad job
глáвный	main
глúняный	clay (adj.)
глубинá	depth

глухо́й	deaf; desolate; muffled
глушь (f.)	lonely spot, wilderness
гно́йный	inflamed, festering
го́лень (f.)	shin
голо́дный	hungry
го́нка	rush; race, chase
гора́здо (+comp.)	much, far more
го́рдость (f.)	pride
горе́ть/сгоре́ть	to burn
го́рничная	maid
горноло́жный	mountain-skiing (adj.)
горожа́нин	towndweller
го́рький	bitter
горя́чий	hot; busy
гостеприи́мство	hospitality
гравю́ра	engraving, etching
гра́мотный	literate; expert
гробни́ца	tomb
гроза́	(thunder)storm; terror
грози́ть/погрози́ть (+dat./+instr.)	to threaten (a person/with)
гро́мкий	loud
гро́хот	crash, din
гру́бость (f.)	vulgarity
гру́бый	coarse, vulgar
груз	load; freight
грузови́к	lorry
гру́стный	sad
гряду́щий	coming, future
густо́й	deep; dense
дальнови́дный	far-sighted
да́нные (pl.)	data
дар	gift
дари́ть/подари́ть	to make a gift
дви́гательный	moving; motor (adj.)
дви́гаться/дви́нуться	to move
движе́ние	movement; traffic; circulation
двойно́й	double (adj.)
двор	yard; court
дворе́ц	palace
дееприча́стие	gerund
дежу́рство	duty, watch
де́йственный	effective
де́йствие	act, action
де́лать/сде́лать успе́хи	to make progress
дели́ть/подели́ть	to share
делово́й	business (adj.)
держа́ть/задержа́ть	to keep; hold
дешёвый	cheap
де́ятельность (f.)	activity
дли́ться/продли́ться	to last
добавля́ть/доба́вить	to add
добива́ться/доби́ться (+gen.)	to obtain
добросо́вестный	conscientious
добро́тный	good, solid
добыва́ть/добы́ть	to obtain; mine
добы́ча	mining
доводи́ться/довести́сь [мне довело́сь]	to have occasion
догова́риваться/ договори́ться (о+prep.)	to agree on
догово́р	contract
доказа́тельство	proof
докла́д	report; lecture
долг	duty; debt
до́ля	lot, fate; portion
доне́льзя	as...as can be
дополня́ть/допо́лнить	to complete
допра́шивать/допроси́ть	to interrogate
дорожи́ть	to value; take care of
доса́дный	annoying
доставля́ть/доста́вить	to deliver
доста́точный	sufficient
досто́йный	worthy
достига́ть/дости́гнуть (+gen.)	to reach; attain
достиже́ние	achievement
досто́инство	dignity; worth
дохо́д	income
драгоце́нный	valuable
дре́вний	ancient
дремо́та	drowsiness
дрожа́ть/задрожа́ть	to shake, tremble
дурно́й	bad
дух	spirit; breath
душе́вный	sincere, heartfelt
души́ть/задуши́ть	to choke
ду́шный	stuffy, sultry
дыра́	hole
еда́	food
едва́ ли	hardly, scarcely
еди́нственный	only, sole
ежедне́вный	daily, everyday
жа́жда	thirst
жа́дность (f.)	greed, avarice
жа́лить/ужа́лить	to sting, bite
жа́ловаться/ пожа́ловаться (на+асс.)	to complain (about)
жара́	hot weather
жела́тельный	desired
желу́док	stomach
жемчу́жина	pearl
же́ртва	victim
жёсткий	harsh, severe
жесто́кий	cruel
живи́тельный	animating
живо́й	alive; lively
жи́вопись (f.)	painting
жило́й	residential; living (adj.)
жильё	accommodation
журча́ние	murmur, babble
жите́йский	worldly; everyday
забасто́вка	strike
забве́ние	oblivion
заболева́емость (f.)	rate of illness
заболева́ние	disease, illness
забо́та	care, concern
забо́титься/ позабо́титься (о+prep.)	to take care (of); worry (about)
забра́сывать/забро́сить	to neglect

завал	heap
заведе́ние	establishment
завере́ние	assurance
заверя́ть/заве́рить (в+prep.)	to assure (of)
зави́сеть (от+gen.)	to depend (on)
заводи́ться/завести́сь	to appear; get
заводча́нин	person living in a back-water
завоёвывать/завоева́ть	to conquer, win
заголо́вок	title; heading
загора́ться/загоре́ться	to catch fire
загрязне́ние	pollution
зада́ча	task
заде́рживать/задержа́ть	to delay
задыха́ться/ задохну́ться	to pant; choke
закла́дывать/заложи́ть	to lay (out)
заключе́ние	conclusion
заключённый	prisoner
зако́н	law
закрепля́ть/закрепи́ть	to strengthen
замести́тель (m.)	deputy
за́мок	castle
заодно́	besides, too
зао́чный	without seeing
западня́	trap
запа́с	stock, supply
за́пах	smell
заповедный	reserve (adj.)
заполня́ть/запо́лнить	to fill up
запреща́ть/запрети́ть (+dat.)	to forbid (a person)
запро́сы (m.pl.)	requirements
запуска́ть/запусти́ть	to start; neglect
запя́тки (f.pl.)	tailboard
зараба́тывать/ зарабо́тать	to earn
заража́ть/зарази́ть	to infect
зараже́ние	infection
зарази́тельный	infectious, catching
зара́зный	infectious, contagious
зара́нее	in advance
зарожда́ться/ зароди́ться	to arise; be conceived
за́росль (m.)	undergrowth
зарпла́та	wages, salary
за рубежо́м	abroad
заса́да	ambush
заслу́живать/заслужи́ть	to deserve
заставля́ть/заста́вить	to make, compel
засто́й	stagnation (of Brezhnev era)
застре́ливать/ застрели́ть	to shoot
застро́йка	building
за́суха	drought
засу́шливый	arid
зата́пливать/затопи́ть	to flood
зате́м	then, next
зато́	on the other hand
затопля́ть/затопи́ть	to flood
зато́р	jam, congestion
затра́гивать/затро́нуть	to affect
затра́та	expense, expenditure
захва́тывать/захвати́ть	to seize
захуда́лый	down and out

зачасту́ю	often
зачи́нщик	instigator
защи́та	defence
защища́ть/защити́ть	to defend
заявля́ть/заяви́ть	to announce
заявле́ние	statement
зая́длый	inveterate, hardened
звукоза́пись (f.)	sound recording
звуча́ть	to sound
зде́шний	local
здравоохране́ние	health care
зева́ть/зевну́ть	to yawn
зе́лье	poison; potion
землетрясе́ние	earthquake
зерно́	grain, corn
злой	evil; vicious
зло́стный	malicious
злоумы́шленный	ill-intentioned
злоупотребле́ние	misuse
змея́	snake, serpent
знако́мство	acquaintance
значе́ние	meaning; significance
значи́тельный	significant
зре́лость (f.)	maturity; ripeness
зре́лищный	visual
зре́ние	vision; sight
зри́тель (m.)	spectator; onlooker
и́бо	for
иго́лка	needle
иждиве́нец	dependant
избавле́ние	deliverance; rescue
избавля́ться/ изба́витьсяи (от+gen.)	to get rid of
избега́ть/избежа́ть (+gen.)	to avoid
избира́тельная кампа́ния	election campaign
избы́точный	surplus
изве́чный	age-long
извлека́ть/извле́чь (из+gen.)	to extract; derive (from)
извне́	from outside
изгна́нник	exile (person)
издева́ться (над+instr.)	to jeer, taunt, mock (at)
излуче́ние	radiation
изме́на	unfaithfulness; treason
измене́ние	change
изобрете́ние	invention
изуве́чивать/изуве́чить	to mutilate
изъя́н	defect
иму́щество	property
ино́й	other
исключе́ние	exception
искореня́ть/искорени́ть	to root out, eradicate
и́скра	spark
искупа́ть/искупи́ть	to atone for
иску́сство	art
искушённый (в+prep.)	versed (in)
исполко́м	executive committee
исполня́ть/испо́лнить	to carry out, execute

исправи́тельный	correctional, corrective
испыта́ние	test; ordeal
испы́тывать/испыта́ть	to experience
иссле́дование	research
иссяка́ть/исся́кнуть	to dry up
истерза́ть	to worry to death
и́стинный	true, genuine
исто́чник	source
истоще́ние	exhaustion
исхо́д	end; outcome
исходи́ть (из+gen.)	to emanate (from)
исчеза́ть/исче́знуть	to disappear
ИТК (исправи́тельно-трудова́я коло́ния)	corrective labour camp
ка́дры (m.pl.)	skilled workers
как бу́дто	as if
кале́чить/искале́чить	to cripple, maim
ка́мера	chamber
камы́ш	reed
капита́льный ремо́нт	major repairs
като́к	skating rink
каче́ли (f.pl.)	swing
ка́чество	quality
каю́та	cabin
ки́слый	acid (adj.), sour
кислоро́д	oxygen
кисть (f.)	(paint)brush
кит	whale
кла́виша	key (piano, typewriter)
кла́вишник	keyboard player
кла́ссный	first-rate
клева́ть	to peck at
кле́тка	cell; cage
кли́макс	menopause
кли́чка	nickname
клю́шка	club, stick (sport)
книгохрани́лище	library; book depository
ковш	scoop; bucket
ко́е-како́й	some; any
ко́жа	skin; leather
колея́	track; rut
коло́дец	well; shaft
кома́нда	crew; team
конди́тер	confectioner
конкури́ровать	to compete
ко́нкурс	competition
констру́ировать	to design; construct
конто́ра	office
копи́ть/накопи́ть	to save; store up
копы́то	hoof
ко́рень (m.)	root
корми́ть/накорми́ть	to feed
короле́ва	queen
корота́ть/скорота́ть	to while away (time)
коро́ткий	short, brief
костёр	bonfire
кость (f.)	bone
коте́льная	boiler-house
кошма́р	nightmare
кра́жа	theft
край	edge; locality
кра́йне	extremely
кра́сить/окра́сить	to paint, dye
красноречи́вый	eloquent
красова́ться (+instr.)	to shine, show off
кра́сочный	colourful
кре́пкий	strong
крестья́нин	peasant
кров	shelter, home
кровото́к	flow of blood
кровь (f.)	blood
кропотли́вый	painstaking
кроха́	crumb; (pl. - leftovers)
круглосу́точный	round-the-clock
кружо́к	circle, society
кру́пный	major, large
круше́ние	accident; wreck
кста́ти	by the way
ку́бок	cup (sport)
куро́рт	holiday resort
ку́ртка	jacket
кусо́к	piece
куст	bush, shrub
ла́вка	shop
лавр	laurel
ла́герь (m)	camp
ла́зить	to climb; creep
лазу́рный	azure (adj.)
ласка́ть/приласка́ть	to caress; be affectionate
ла́сточка	swallow
лёгкие (n.pl.)	lungs
легкомы́сленный	frivolous; thoughtless
ледоко́л	icebreaker
лека́рство	medicine
лече́бный	medical; medicinal
лече́ние	treatment; cure
лечи́ть	to treat, cure
ли́бо...ли́бо	either...or
ли́вень (m.)	downpour
ли́чность (f.)	personality
лиша́ть/лиши́ть (+gen.)	to deprive (of)
лише́ние	loss, privation
ло́вкость (f.)	adroitness, skill
лук	onion
лука́вый	cunning (adj.)
льго́та	privilege
любопы́тство	curiosity
маловероя́тный	improbable
малоле́тний	juvenile
малы́ш	kid, child
мане́ж	arena; riding school
мастерска́я	workshop, studio
масшта́б	scale, scope
мать-одино́чка	single mother
махну́ть руко́й	to give up; dismiss
мгнове́нно	in an instant
междунаро́дный	international
ме́лкий	small; fine; petty
ме́лочь (f.)	triviality
меня́ть/поменя́ть	to change
ме́ра	measure
меркну́ть/померкну́ть	to fade; darken
мероприя́тие	measure; action

мёртвый	dead	напо́р	pressure
ме́стность (f.)	locality	направле́ние	direction
месть (f.)	revenge	направля́ть/напра́вить	to direct
мечта́ть/замечта́ть	to (day)dream	напра́сно	in vain
меша́ть/помеша́ть (+dat.)	to hinder	напряже́ние	tension, strain
		напряжённый	strained, tense
мешо́к	sack; bag	наркома́ния	drug addiction
милосе́рдие	charity	наркома́фия	drugs mafia
мину́вший	past (adj.)	нарко́тик	drug, narcotic
мири́ться/помири́ться (c+instr.)	to be reconciled (with)	наро́дный	people's; folk; popular
многоле́тний	perennial (adj.)	наруша́ть/нару́шить	to infringe, violate
многоли́кий	many-faced	населе́ние	population
многочи́сленный	numerous	наси́лие	violence
моги́ла	grave	наси́льник	rapist
мо́крый	wet	наско́лько [я зна́ю]	as far as (I know, etc.)
мол	he (I, they etc.) said	насле́дие	heritage
молча́ть/промолча́ть	to be silent	насо́с	pump
моря́к	sailor	наста́ивать/настоя́ть (на+prep.)	to insist (on)
мощь (f.)	power, might	насто́йчивый	insistent
мо́щный	powerful	насторо́женно	on one's guard
мра́чный	gloomy	настрое́ние	atmosphere; mood
мстить/отомсти́ть (+dat./за+acc.)	to take revenge (on a person/for)	ната́лкиваться/ натолкну́ться (на+acc.)	to come across, stumble on
му́дрость (f.)	wisdom		
му́ка	torment; torture	на́тиск	pressure; onslought
му́ченик	martyr		
мучи́тельный	painful, agonizing	натыка́ться/наткну́ться (на+acc.)	to come across, run into
мча́ться/помча́ться	to speed along		
мысль (f.)	thought	нау́ка	science
мышле́ние	thinking	нахо́дка	find
мы́шца	muscle	нахо́дчивость (f.)	resourcefulness
мя́гко говоря́	putting it mildly	наце́ливать/наце́лить	to aim
		начисля́ть/начисли́ть	to allot; put on some—one's account
на́бережная	embankment, quay		
наби́тый	packed	небыва́лый	unheard of
наблюда́ть	to observe	неве́жество	ignorance
навёрстывать/ наверста́ть упу́щенное	to make up for lost time	неви́нный	innocent
		нево́льный	involuntary
		невообрази́мый	unimaginable
наводне́ние	flood	невы́годный	unprofitable
награ́да	reward; award	невыноси́мый	unbearable
награжде́ние	rewarding; awarding	невырази́мый	inexpressible
		недомога́ть	to be unwell, sick
нагру́зка	load; loading		
наде́жда	hope	недоста́ток	lack; defect, disadvantage
надёжный	reliable		
наём (gen.- на́йма)	hire	недосту́пный	inaccessible; inadmissible
нажива́ть/нажи́ть	to gain, catch		
нажима́ть/нажа́ть	to press, push	недосыпа́ние	not getting enough sleep
на́зло́ (+dat.)	out of spite		
назнача́ть/назна́чить	to appoint; designate	незави́симость (f.)	independence
		незажи́вшая ра́на	open wound
назначе́ние	appointment; purpose	незако́нный	illegal
		неизбе́жный	unavoidable
называ́ться/назва́ться	to be called	неизве́данный	unknown
наказа́ние	punishment	неизме́нный	invariable
нака́зывать/наказа́ть	to punish	не́кто	someone, a certain (adj.)
нака́л	incandescence		
намерева́ться	to intend	неле́пый	awkward; absurd
наме́рение	intention	необрати́мый	irreversible
намеча́ть/наме́тить	to plan	необходи́мый	essential
нанима́ть/наня́ть	to employ, hire	неоднозна́чный	with more than one meaning
наоборо́т	on the contrary		
напада́ть/напа́сть (на+acc.)	to attack	неожи́данность (f.)	surprise; unexpectedness
напли́в	rush	неполноце́нность (f.)	inferiority
наподо́бие (+gen.)	like, similar to	непреры́вный	constant
напомина́ть/напо́мнить	to remind		

нерента́бельный	unprofitable	обще́ственность (f.)	public (opinion)
неро́вность (f.)	unevenness	о́бщество	society
несконча́емый	interminable	о́бщий	general, common
неудо́бство	inconvenience	общи́тельный	sociable
неуря́дица	disorder, mess	объедине́ние	association
неусту́пчивость (f.)	obstinacy	объединённый	united
нефть (f.)	oil	объявле́ние	announcement
ни в ко́ем слу́чае	under no circumstances	объясне́ние	explanation
ни́тка	thread	объясня́ть/объясни́ть	to explain
ни́щенский	beggarly	о́быск	search
норми́ровать	to standardise	обы́чай	custom
ноше́ние	carrying; wearing	обя́занность (f.)	obligation, duty
нрав	temperament	обя́занный	obliged
нра́вственный	moral (adj.)	обяза́тельный	obligatory
нужда́ться (в+prep.)	to be in need (of)	огово́рка	reservation, proviso
ны́нешний	present, actual	ого́нь (m.)	fire
обвиня́ть/обвини́ть (в+prep.)	to accuse (of)	огора́живать/огороди́ть	to enclose
обворожи́тельный	charming	огоро́д	kitchen garden
обезлесе́ние	deforestation	ограбле́ние	robbery
обеспе́чивать/ обеспе́чить (+instr.)	to provide (with); guarantee	ограниче́ние	limitation, restriction
обесце́нивать/ обесце́нить	to devalue	ограни́чивать/ ограни́чить	to limit, restrict
		огро́мный	huge
обжа́ловать	to appeal (legal)	одина́ковый	identical
обзо́р	survey	одино́кий	lonely
оби́да	insult	одновре́менный	simultaneous
обижа́ться/оби́деться (на+acc.)	to feel hurt (by), take offence (at)	однообра́зный	monotonous
		одобря́ть/одо́брить	to approve (of)
		ожида́ние	expectation
оби́льный	abundant, plentiful	озабо́ченность (f.)	anxiety; preoccupation
обита́ть	to reside	оздорови́тельный	health (adj.)
обкра́дывать/обокра́сть	to rob	оздоровля́ть/ оздорови́ть	to improve (the health of)
облагора́живать/ облагоро́дить	to ennoble; improve	о́зеро	lake
облада́ть (+instr.)	to possess	означа́ть	to mean, signify
о́бласть (f.)	sphere, field	ока́зывать/оказа́ть	to exert; render
обма́тывать/обмота́ть	to wrap up		
обме́н	exchange	оконча́ние	ending
обнару́живать/ обнару́жить	to reveal; discover	оконча́тельный	final; definitive
обнима́ть/обня́ть	to embrace	окра́ска	colouring
обновля́ть/обнови́ть	to renew	окружа́ющая среда́	environment
обозре́ние	review	оле́нь (m.)	(rein)deer
обозначе́ние	designation	омрача́ть/омрачи́ть	to darken, sadden
обольща́ть/обольсти́ть	to flatter	опа́сность (f.)	danger
обоня́ть	to smell	опла́та	payment
оборо́на	defence	опозда́ние	delay
обору́довать	to equip; arrange	опо́рный	strong, supporting
о́браз	manner, way; form; image	определя́ть/определи́ть	to determine
о́браз жи́зни	way of life	опроверга́ть/ опрове́ргнуть	to deny, refute
образова́ние	education	опро́с	survey
обру́шиваться/ обру́шиться	to collapse	о́пыт	experience; experiment
обсле́дование	investigation	о́рден	decoration
обслу́живание	service	ору́жие	weapon(s)
обстано́вка	situation; conditions	оса́дки (m.pl.)	precipitation
		освежа́ть/освежи́ть	to refresh
обсужда́ть/обсуди́ть	to discuss	освеща́ть/освети́ть	to illuminate; elucidate
обува́ться/обу́ться	to put on one's shoes; to be shod	осва́ивать/осво́ить	to master
		освобожда́ть/ освободи́ть	to set free
обхо́дный путь	detour	оскорбле́ние	offence, insult
обши́рный	vast	ослабева́ть/ослабе́ть	to weaken
обще́ние	contact		

осложне́ние	complication	отто́к	outflow
осложня́ть/осложни́ть	to complicate	отторже́ние	tearing away
оснаща́ть/оснасти́ть	to equip	отча́яние	despair
основно́й	basic	отчёт	account, report
осно́вывать/основа́ть	to found; base	отчужде́ние	alienation
особня́к	villa; detached house	охлажде́ние	cooling
		охва́тывать/охвати́ть	to seize
оспа́ривать	to contend for	оце́нивать/оцени́ть	to ·estimate, evaluate
оста́тки (m.pl.)	left-overs		
оста́точный	residual; left over (adj.)	очеви́дный	obvious
		очередно́й	routine, regular, next
осторо́жность (f.)	caution		
остраки́зм	ostracism	о́чередь (f.)	queue
о́стров	island	очки́ (m.pl.)	spectacles
о́стрый	sharp, acute	оши́бка	mistake
осужда́ть/осуди́ть	to condemn	ошиба́ться/ошиби́ться	to be mistaken
осуществле́ние	realization; implementation	ощути́мый	tangible
		ощуща́ть/ощути́ть	to feel
осыпа́ть/осы́пать (+instr.)	to shower (with)	па́водок	flood, high water
осяза́тельный	tactile	па́губный	dire, pernicious
отбы́тие	departure		
отва́га	bravery	пала́тка	tent
отверга́ть/отве́ргнуть	to reject	па́лка	stick
отве́тственный	responsible	пало́мничество	pilgrimage
отвлека́ться/отвле́чься	to be distracted	па́луба	deck
		па́мятник	monument
отвраща́ть/отврати́ть	to avert, turn away	па́рень (m.)	lad
		па́рить	to steam
отгу́л	compensatory leave, holiday	па́русная доска́	windsurf-board
		пе́рвенец	first-born
отделе́ние	department	первоочередно́й	top-priority (adj.)
отде́льный	separate		
оте́чество	fatherland	переводи́ть/перевести́	to translate
отка́зываться/ отказа́ться (от+gen.)	to refuse, give up	переда́ча	handing over; broadcast
		передово́й	progressive, advanced
отка́т	recoil ('knock on effect')	переды́шка	respite
		пережива́ние	suffering; experience
отклоне́ние	deviation; digression	переки́дывать/ переки́нуть	to throw (over)
отка́пывать/откопа́ть	to dig out/up		
открове́нный	frank	перелива́ние	transfusion
откры́тие	discovery	перело́м	fracture
отлича́ться/отличи́ться (от+gen.)	to differ (from); excel	перема́нивать/ перемани́ть	to entice
отме́на	cancellation; abolition	переме́на к лу́чшему	change for the better
отмеча́ть/отме́тить	to mark; note	перемеща́ть/ перемести́ть	to move, shift
относи́тельный	relative (adj.)		
отноше́ние	attitude; relationship	перенаселе́ние	overpopulation
		перепа́д	fluctuation
отны́не	from now on	переплета́ться/ переплести́сь	to be interwoven
отправля́ть/отпра́вить	to dispatch		
отпуска́ть/отпусти́ть	to release, let go	перераспределе́ние	redistribution
		пересека́ть/пересе́чь	to intersect
отра́ва	poison	переселя́ть/пересели́ть	to resettle (trans.)
отража́ть/отрази́ть	to reflect		
о́трасль (f.)	branch, field, sphere	пересмо́тр	review
		перестава́ть/переста́ть	to stop, cease
отрека́ться/отре́чься (от+gen.)	to repudiate; renounce	переступа́ть/ переступи́ть	to transgress; step over
отрица́тельный	negative	переу́лок	alley, lane
отрыва́ть/отры́ть	to dig out	перехо́д	transition; crossing
отры́вок	extract		
отря́д	detachment (military, etc.)	перечисля́ть/ перечи́слить	to enumerate
отста́вка	retirement	песо́к	sand
отступле́ние	deviation; digression	печа́тать/напеча́тать	to print; type
		печа́тающее устро́йство	printer
отсу́тствие	absence	печа́ть (f.)	press; seal

пе́чень (f.)	liver	показа́тель (m.)	index; exponent
пеще́ра	cave		
пиджа́к	jacket	покида́ть/поки́нуть	to leave; abandon
пита́ние	food; nutrition	поклóнник	admirer
пита́ться (+instr.)	to feed (on); live (on)	поколе́ние	generation
		по кра́йней ме́ре	at least
пищево́й	food (adj.)	пол	sex
пла́вный	fluent; smooth	полити́ческий де́ятель	politician
пла́мя (n.)	flame	пóлностью	completely, in full
плати́ть/заплати́ть	to pay		
плечо́	shoulder	положе́ние	position, situation
плодоро́дный	fertile		
плодотво́рный	fruitful	положи́тельный	positive
побе́да	victory	полусóнный	half-asleep
побере́жье	coast	получа́ть/получи́ть	to receive
побо́ище	battle	получа́ться/получи́ться	to turn out to be
побо́чный эффект	side-effect		
побужда́ть/побуди́ть	to induce; prompt	пóльзоваться/ воспóльзоваться (+instr.)	to use
пове́дывать/пове́дать	to tell, impart	пóльза	use, benefit
поведе́ние	behaviour	пóльзователь (m.)	user
пове́шение	hanging	по ме́ньшей ме́ре	at least
пóвод	cause, occasion	поме́ха	hindrance
поврежда́ть/повреди́ть	to damage; injure; spoil	помеще́ние	premises
		помóщник[ица]	assistant; helper
повседне́вный	everyday, daily		
повторя́ть/повтори́ть	to repeat	понáдобиться [ему понáдобится]	to be needed [he needs]
повыша́ть/повы́сить	to raise	поня́тие	concept
погиба́ть/поги́бнуть	to perish, die	поощря́ть/поощри́ть	to encourage
поголо́вье	livestock	пополне́ние	replenishment
погреба́ть/погрести́	to bury	пополня́ть/попóлнить	to increase, supplement
погружа́ть/погрузи́ть	to immerse		
подавля́ющее большинство́	overwhelming majority	пóпусту	in vain, to no avail
подáрок	present		
подверга́ть/ подве́ргнуть(+dat.)	to subject, expose (to)	поража́ть/порази́ть	to strike
		порóг	threshold
пóдвиг	feat, exploit	порóда	species; rock
подви́жка	motion, shift	порóй	at times
подвози́ть/подвезти́	to give a lift	порóчный круг	vicious circle
подвы́пивший	tipsy	порошóк	powder
подде́рживать/ поддержа́ть	to support; maintain	пóртить/испóртить	to spoil
		поры́в	gust
подня́тие	raising	посáдка	planting; landing
подóбный	like, similar		
подóбного рóда	of a similar kind	посвяща́ть/посвяти́ть	to devote
		посе́в	crop, sowing
подозрева́ть	to suspect	поселя́ть/посели́ть	to settle (trans.)
подозре́ние	suspicion		
подрóбность (f.)	detail	посети́тель (m.)	visitor
подрóсток	adolescent	после́дствие	consequence
подру́чный	at hand; improvised	послóвица	proverb, saying
подря́д	in succession	посóбие	grant; benefit
под стать (+dat.)	to be a match (for)	посóл	ambassador
		посре́днический	intermediary (adj.)
подхóд	approach		
подъе́зд	porch, entrance	постановле́ние	resolution
подъе́мный	lifting, elevating	постепе́нный	gradual
		постовóй	sentry
пожáр	fire, conflagration	постоя́нный	constant
		поступа́ть/поступи́ть	to act; enter
пожáрный	fireman	поступóк	act
поже́ртвование	donation	посыла́ть/посла́ть	to send
позволя́ть/позвóлить (+dat.)	to allow	поте́ря	loss; waste
		потóк	stream, torrent
поздравля́ть/ поздрáвить	to congratulate	потреби́тельские товáры	consumer goods
пóиск	search	потре́бность (f.)	requirement; demand
показáние	evidence		

потряса́ть/потрясти́	to shake	привива́ть/приви́ть	to impart to; to inoculate
потряса́ющий	tremendous; startling	привлека́ть/привле́чь	to attract
похище́ние	kidnapping; theft	привы́чка	habit
		привя́занность (f.)	attachment
похо́д (туристи́ческий)	hike	пригово́р	sentence (legal)
по́чва	soil	приде́рживаться (+gen.)	to adhere (to)
по́шлость (f.)	banality, vulgarity		
поэта́пно	in stages	прие́м	reception
по́яс	belt; zone	прие́млемый	acceptable; admissable
поясни́ца	waist; loins; small of the back	признава́ться/ призна́ться (в+ргер.)	to confess (to)
пра́вило	rule	при́знак	sign
прави́тельство	government	призыва́ть/призва́ть	to summon
пра́во	right; law	при́иск	mine
правосу́дие	justice	прила́вок	counter
пребыва́ние	stay	прили́чие	decency
превосходи́ть/ превзойти́	to surpass	прили́чный	decent
		применя́ться/ примени́ться	to be used
превосхо́дство	superiority		
превраща́ть/преврати́ть (в+асс.)	to transform (into)	приме́рно	approximately
превыша́ть/превы́сить	to exceed	примыка́ть/примкну́ть	to join
предвари́тельный	preliminary	принадлежа́ть (к+dat.)	to belong (to)
преде́л	limit	принима́ть/приня́ть	to take; receive
преде́льный	extreme (adj.)	приобрета́ть/	to acquire
предлага́ть/предложи́ть	to suggest; offer	приобрести́	
предложе́ние	sentence; proposal	приобще́ние	contact
предме́т	object; subject	приро́да	nature
предназнача́ть/ предназна́чить (для+gen./на+асс.)	to intend; destine (for)	пристрасти́ться (к+dat.)	to take (to); give oneself up (to)
		приступа́ть/приступи́ть (к+dat.)	to set about, begin
предоставле́ние	assignment	прису́тствие	presence
предоставля́ть/ предоста́вить	to give, grant,	прито́к	flow; influx
		притя́гивать/притяну́ть	to attract
предполага́ть/ предположи́ть	to suppose; assume	приумноже́ние	multiplication
		приуны́ть	to become depressed
предприя́тие	enterprise		
председа́тель (m.)	chairman	приуса́дебная земля́	personal plot on collective farm
представи́тель (m.)	representative		
представле́ние	presentation; performance	прича́л	mooring
		прича́стие	participle
представля́ть/ предста́вить (+себе́)	to present; (to imagine)	причиня́ть/причини́ть	to cause
		причу́дливый	freakish
предупрежде́ние	warning	прию́т	shelter
предше́ствовать (+dat.)	to precede	пробира́ться/ пробра́ться	to make one's way
предше́ственник	predecessor	проведе́ние	carrying out
предыду́щий	preceding	проверя́ть/прове́рить	to check
пре́жде всего́	above all	проводи́ть/провести́	to spend (time)
преиму́щество	advantage	про́волока	wire
преиму́щественно	predominantly	прогно́з	forecast
прекраща́ть/прекрати́ть	to stop, cease	прода́жа	sale
преодолева́ть/ преодоле́ть	to overcome	продвига́ться/ продви́нуться	to advance, move forward
препара́т	preparation (chemical)	продержа́ться	to hold out, last
пресле́довать	to pursue	продово́льствие	provisions
преступле́ние	crime	продолжи́тельный	lengthy
престу́пник	criminal	произведе́ние	work (of art)
престу́пность (f.)	crime (rate)	произво́дство	production
преувели́чивать/ преувели́чить	to exaggerate	происходи́ть/произойти́	to happen
		происше́ствие	incident, occurrence
приближа́ть/прибли́зить	to bring near		
прибо́р	apparatus; instrument	прокати́ться	to roll
		прокла́дывать/ проложи́ть	to lay (a road)
при́быль (f.)	profit		
приве́тствовать	to greet		

проливно́й	torrential	разма́х	span, scope
про́мах	miss; blunder	разме́р	size
промы́шленность (f.)	industry	размеща́ть/размести́ть	to accommodate
проника́ть/прони́кнуть	to penetrate	размеще́ние	accommodation
пропада́ть/пропа́сть	to disappear	разми́нка	warm up (exercise)
пропуска́ть/пропусти́ть	to miss; pass through	размноже́ние	reproduction
просвети́тельский	educative	размыва́ть/размы́ть	to wash away; obliterate
проскакивать/ проскочи́ть	to jump, slip through	разрабо́тка	processing
просто́рный	spacious	разре́з	cut; seam
простра́нство	space	разреша́ть/разреши́ть (+dat.)	to allow
постро́чно	by the line	разру́ха	destruction
проти́вник	opponent	разруша́ть/разру́шить	to destroy
противополо́жный	opposite, contrary	разруше́ние	destruction
противостоя́ть (+dat.)	to resist	разры́в	rupture; explosion
протя́гивать/протяну́ть	to extend	разря́д	discharge; category
протя́жный	drawn-out	разу́мный	sensible, reasonable
профила́ктика	preventative measure	разъясне́ние	clarification
прохла́дный	cool, fresh	рак	cancer
проце́сс	trial; process	ра́мка	frame(work)
про́чный	firm, solid	ране́ние	injury, wound
проявля́ть/прояви́ть	to reveal, show	раска́т	roll, peal
прыжо́к	jump	раскла́д	disposition, arrangement
пуга́ть/напуга́ть	to frighten	раскрыва́ть/раскры́ть	to uncover
пустота́	emptiness	распа́д	disintegration
пустя́к	trifle, triviality	располага́ть/ расположи́ть	to place
путёвка	holiday/travel permit, pass	распоряжа́ться/ распоряди́ться (+instr.)	to manage; dispose (of)
путь (m.)	way, track	распределя́ть/ распредели́ть	to distribute, allot
пыта́ться/попыта́ться	to try	распространя́ть/ распространи́ть	to distribute
пы́шный	magnificent		
ПЭВМ (персона́льная электро́нно-вычис- лительная машина	personal computer	распу́щенный	dissolute; undisciplined
пятёрка	mark of 5 (exams)	рассе́янный	absent-minded
пятачо́к	5-kopek coin	расслабля́ться/ рассла́биться	to relax
раб	slave	рассле́дование	investigation
работоспосо́бность (f.)	ability to work	расстоя́ние	distance
ра́вный	equal	расстре́л	execution (by firing squad)
равноду́шный	indifferent	расстро́енный	upset (adj.)
равнопра́вие	equal rights	рассужде́ние	reasoning
ра́ди (+gen.)	for the sake of	расте́ние	plant
ра́дость (f.)	joy	расте́рянный	bewildered
разбива́ть/разби́ть	to break, smash	расти́/вы́расти	to grow
разбира́ться/ разобра́ться (в+prep.)	to sort out, understand	расти́тельность (f.)	vegetation
		расти́ть	to bring up, train
разбушева́ться	to storm, rage	растли́тель (m.)	corrupter
развива́ть/разви́ть	to develop	растя́гивать/растяну́ть	to stretch
разви́тие	development	расхити́тель (m.)	plunderer
развлека́ть/развле́чь	to entertain	расхо́д	expenditure
разво́д	divorce	расчёт	calculation
разгру́зка	unloading; unburdening	расширя́ть/расши́рить	to broaden
разжига́ть/разже́чь	to kindle, heat	расшифро́вка	deciphering
разгово́рник	phrase-book	рво́та	vomit(ing)
разгреба́ть/разгрести́	to dig, shovel	рёв	roar
раздава́ться/разда́ться	to resound, be heard	режи́м	regime; conditions
разделя́ть/раздели́ть	to separate, divide	режиссёр	producer, director
раздраже́ние	irritation		
раздражи́тель (m.)	irritant	ре́зкий	sharp
разла́д	discord	рекла́ма	advertisement
разли́чный	different		
разлу́ка	separation		

ремонти́ровать/ отремонти́ровать	to repair
рента́бельность (f.)	profitability
репети́ция	rehearsal
реце́пт	recipe; prescription
рисова́ть/нарисова́ть	to draw
рису́нок	drawing
ро́вный	even; equal
ро́дственник	relative; relation
ро́зыгрыш ку́бка	cup tournament
ро́зыск	search
роско́шный	luxurious
ро́скошь (f.)	luxury
рост	growth; height
рубе́ж	boundary; border
руководи́тель (m.)	leader
руководи́ть (+instr.)	to lead; guide
рукопожа́тие	handshake
ры́нок	market
рэкети́р	racketeer
рябь (f.)	ripple; dazzle
ряд	line; series; rank; row
рядово́й	ordinary, everyday
са́женец	sapling
самоде́ятельный	amateur; self-employed
самолю́бие	ambition, vanity
самооборо́на	self-defence
самостоя́тельный	independent
санита́рный	sanitary; hospital (adj.)
сбор	collection
сбо́рище	crowd
сбо́рщица	fitter (woman)
сбыт	sale
сва́тать/сосва́тать	to matchmake
сва́ха	matchmaker
сведе́ние	piece of information
свекро́вь (f.)	mother-in-law (husband's mother)
сверло́	drill
све́рстник	person of same age
свиде́тельство	testimony
свиде́тельствовать	to witness, testify
свобо́да	freedom
своди́ть/свести́ с ума́	to drive mad
своди́ть/свести́ счёты	to square accounts
своеобра́зный	original; peculiar
свы́ше (+gen.)	over
свя́зывать/связа́ть	to connect
свяще́нник	priest
сдвига́ть/сдви́нуть	to move
сде́лка	bargain, deal
сде́ржанный	restrained; reserved
се́врский	from Sèvres (France)
се́льский	rural
сельскохозя́йственный	agricultural
се́мя	seed

серди́ться/рассер-ди́ться (на+асс.)	to get angry (with)
сеть (f.)	net; network
си́ла	strength; force
сжига́ние	burning
скла́дываться/ сложи́ться	to form
скло́нность (f.)	inclination
скло́нный (к+dat.)	inclined (to)
ско́бка	bracket
ско́льзкий	slippery
скот	cattle
скро́мность (f.)	modesty
скро́мный	modest; humble
скрыва́ть/скрыть	to conceal, hide
скуде́ть/оскуде́ть	to become scanty, poor
сла́бость (f.)	weakness
сла́ва	glory; fame
слегка́	slightly
след	trace
сле́довательно	consequently
сле́довать/после́довать (за+instr.)	to follow
сле́дствие	consequence
слепо́й	blind
слива́ться/сли́ться	to merge
сло́жный	complicated
сло́й	layer
служа́щий	employee; civil servant
слух	rumour
случа́йный	accidental
сменя́ть/смени́ть	to replace
смерте́льный	fatal
сме́ртная казнь	death penalty
сме́та	estimate
смешно́й	amusing
смерч	tornado
смолка́ть/смо́лкнуть	to fall silent
смуще́ние	embarrassment
снабжа́ть/снабди́ть (+instr.)	to provide (with)
снижа́ть/сни́зить	to reduce, decrease
снима́ть/снять	to take off; to photograph, film; hire
со́бственный	one's own
собра́ние	meeting; collection
соверша́ть/соверши́ть	to complete; commit
соверша́ться/ соверши́ться	to happen; be committed
соверше́нство	perfection
соверше́нствование	perfection
сове́т	advice
совме́стный	joint (adj.)
совмеща́ть/совмести́ть	to join, combine
совпада́ть (с+instr.)	to coincide (with)
совреме́нный	modern, contemporary
согла́сие	agreement
соглаша́ться/ согласи́ться (с+instr.)	to agree (with)
содержа́ние	content

содержа́ть	to maintain, keep, support
создава́ть/созда́ть	to create
созна́ние	consciousness
сокраще́ние	reduction
сокро́вищница	treasure-house
сомне́ние	doubt
сон	sleep; dream
сообща́ть/сообщи́ть	to communicate announce
сооружа́ть/сооруди́ть	to construct
сооруже́ние	construction, building
соотве́тственный	corresponding
сопе́рник	rival
сопровожда́ть/ сопроводи́ть	to accompany
соревнова́ние	competition
сосно́вый	pine (adj.)
сосредото́чиваться/ сосредото́читься (на+prep.)	to concentrate (on)
соста́в	composition; staff
составля́ть/соста́вить	to constitute; compile
состоя́ть (из+gen.)	to be; consist (of)
состоя́ться	to take place
состоя́ние	condition
состяза́ние	competition
сотру́дник	employee
сохране́ние	preservation
сохраня́ть/сохрани́ть	to keep, preserve
сочине́ние	essay
спаса́ть/спасти́	to save
спе́шка	hurry, haste
СПИД	AIDS
спиртно́й	alcoholic; strong (drink)
спи́сок	list
спо́рить/поспо́рить	to argue
спо́рный	debatable, arguable
спо́соб	method, means
спотыка́ться/ споткну́ться (о+acc.)	to trip (on)
справедли́вый	just, right
справля́ться/ спра́виться (с+instr.)	to cope (with)
спра́вочник	reference book
спрос	demand
спуска́ть/спусти́ть	to lower, let down
спу́тник	companion, fel-low traveller
сра́внивать/сравни́ть	to compare
среда́	surroundings; Wednesday
средото́чие	centre, focus
срок	term; deadline
сре́дство	way, means
сро́чный	urgent
срыв	breakdown
ссо́ра	quarrel
ста́дия	stage
стаж	length of service
стани́ца	Cossack village
станкострои́тельный	machine-tool (adj.)
статья́	article
стекло́	glass
сте́пень (f.)	extent
стесня́ться/ постесня́ться	to be shy
сти́скивать/сти́снуть	to clench
стихи́я	element(s)
сто́имость (f.)	cost; value
сто́йбище	nomad camp
столи́ца	capital
столкнове́ние	clash, collision
сторона́	side
страда́ние	suffering
страда́ть/пострада́ть (от+gen.)	to suffer (from)
страна́	country
страни́ца	page
страсть (f.)	passion
стрельба́	shooting
стреми́тельный	swift
стреми́ться	to strive
стро́гий	strict; stern
строй	order; system
строи́тель (m.)	builder
сты́дный	shameful
стыдли́вость (f.)	diffidence
суд	trial
судьба́	fate
суде́бный	judicial
суди́ть (по+dat.)	to judge (by)
су́дно	vessel
суета́	fuss, bustle
сукно́	cloth
супру́г	spouse
супру́жество	matrimony
суро́вый	severe
суть (f.)	essence, core
счёт	account; bill
суще́ственный	essential; substantial
существова́ние	existence
су́щность (f.)	essence
сцена́рий	scenario
съёмка	shooting (film)
сюже́т	subject
та́йна	secret; mystery
так называ́емый	so-called
танцева́ть	to dance
твори́ть/сотвори́ть	to create
тво́рческий	creative
тво́рчество	creativity
теле́сный	corporal (adj.)
те́ло	body
тени́стый	shady
терпе́ть/потерпе́ть	to endure, bear
те́сно	closely
ткань (f.)	material, fabric; tissue
ток	current
то́карь (m.)	turner
толчо́к	push; jolt
том	volume
то́нкий	fine, delicate
то́нкость (f.)	fine point
тону́ть/утону́ть	to drown
топи́ть/затопи́ть	to heat; light
торгова́ть (+instr.)	to trade (in)
торго́вец	trader; trafficker

торжествова́ть/ восторжествова́ть	to triumph
торопи́ться/ потороти́ться	to hurry
то́чка зре́ния	point of view
то́чный	exact, precise
трава́	grass
тра́вма	trauma
тра́сса	line; direction
тра́тить/истра́тить	to spend; use up
тре́бование	requirement
тре́боваться/ потре́боваться	to be required
трево́га	alarm
трево́жный	alarming
тре́звый	sober
треск	crash, crack
треску́чий	hard, ringing (of frost)
тре́тий мир	third world
треуго́льник	triangle
трибу́на	platform
труд	labour
тру́женик	toiler, worker
труп	corpse
тря́пка	rag
тряск	jolting
туго́й	tight; hard
тща́тельный	careful
тюрьма́	prison
тяготи́ться (+instr.)	to feel the burden (of)
убежда́ть/убеди́ть	to convince
убива́ть/уби́ть	to kill
убийство	murder
убийца	murderer
убира́ть/убра́ть	to tidy up; clear away
убы́точный	unprofitable
уважа́ть	to respect
увели́чивать/увели́чить	to increase
уверя́ть/уве́рить (в+prep.)	to assure (of)
уве́ренность в себе	self-confidence
уве́чье	mutilation
увлече́ние	keenness
увольня́ть/уво́лить	to dismiss
увы́!	alas!
угаса́ть/уга́снуть	to expire; die down
углеводоро́д	hydrocarbon
уго́дный	pleasing; fitting
уго́дье	valuable area
уголо́вный	criminal (adj.)
уголо́вный ро́зыск	C.I.D.
у́голь (m.)	coal
уго́н	stealing
угро́за	threat
удава́ться/уда́ться [мне удаётся]	to succeed
ударя́ть/уда́рить	to hit, strike
уда́чный	successful
удва́ивать/удво́ить	to double
уде́л	lot, destiny
уде́рживать/удержа́ть	to retain; restrain
удо́бный	convenient; comfortable
удобре́ние	fertilizer
удовлетворе́ние	satisfaction

удовлетвори́тельный	satisfactory
у́дочка	fishing rod
уедине́ние	solitude
узнава́ть/узна́ть	to find out; recognise
указа́ние	instruction
ука́зывать/указа́ть	to indicate
уко́л	injection
укрепля́ть/укрепи́ть	to strengthen, consolidate
ула́вливать/улови́ть	to catch, grasp
ула́живать/ула́дить	to arrange, fix
уле́чься	to settle, abate
улучше́ние	improvement
уменьша́ть/уменьши́ть	to reduce
уменьше́ние	reduction, decrease
умеща́ть/умести́ть	to find room for
умеща́ться/умести́ться	to fit in
умолча́ние	silence
умча́ться	to dash away
умы́шленный	deliberate
униже́ние	humiliation
уничтоже́ние	destruction
упо́рный	stubborn
управле́ние	adminstration, board
управля́ть/упра́вить (+instr.)	to manage, govern
упрека́ть/упрекну́ть	to reproach
упря́мство	stubbornness
у́ровень (m.)	level
урожа́й	harvest; crop
уро́н	loss
уса́дьба	estate
усе́рдный	zealous, assiduous
уси́ливать/уси́лить	to strengthen
уси́лие	effort
ускоря́ть/уско́рить	to speed up
усло́вие	condition
усложня́ть/усложни́ть	to complicate
услу́га	service
успева́ть/успе́ть	to manage, have time
успе́х	success
успе́шно	successfully
успокое́ние	calm, peace
успокои́тельный	soothing
установле́ние	establishment
устра́ивать/устро́ить	to arrange
устро́йство	installation; arrangement
уступа́ть/уступи́ть (+dat.)	to cede; yield (to)
утеша́ть/уте́шить	to comfort
утоми́тельный	exhausting
утомля́емость (f.)	fatigue
уточня́ть/уточни́ть	to specify
ухо́женный	well cared for
ухудша́ться/уху́дшиться	to get worse, deteriorate
уцеле́ть	to escape, be spared
участвова́ть (в+prep.)	to participate (in)
уча́стие	participation
уча́стник	participant
уча́сток	plot (of land)

Russian	English
учи́тывать/уче́сть	to take into account
учёба	studies
учёт	account; regard
учрежде́ние	institution
уще́лье	gorge, ravine
ущемля́ть/ущеми́ть	to infringe; pinch; wound
ущéрб	damage
ую́тный	cosy
фарфо́р	china, porcelain
фарцо́вка	black-marketeering
фон	background
форе́ль (f.)	trout
хвата́ть/хвати́ть	to be sufficient
[денег не хватало]	[there was not enough money]
хво́рый	ailing, sick
хиру́рг	surgeon
хи́трый	cunning
хло́поты (f.pl)	trouble; fuss
хму́рый	gloomy
хозрасчёт	cost-accounting
хозя́йство	economy; house-hold; farm
храни́тель (m.)	keeper, curator
храни́ть	to keep, guard
хребе́т	spine; range
худе́ть/похуде́ть	to grow thin, lose weight
цара́пать/цара́пнуть	to scratch
цвет	colour
целеустремлённость (f.)	purposefulness
це́лый	whole
цель (f.)	aim, goal
це́льный	whole; rich
цени́ть/оцени́ть	to value
це́нность (f.)	value
цех	workshop
цити́ровать/ процити́ровать	to quote
цифр	figure, digit
цифрово́й	digital
цо́канье	clatter
час-пик	rush hour
части́чно	partly
че́люсть (f.)	jaw
че́реп	skull
черта́	line; feature
че́стный	honest
честь (f.)	honour
чёткий	clear
чи́сленность (f.)	umber
чи́стый	clean
член	member
чрезвыча́йный	extreme
чувстви́тельный	sensitive
чувстви́тельность (f.)	sensitivity
чу́до	miracle, wonder
чума́	plague
чу́ткость (f.)	sensitivity
чуть ли не	almost
шаг	(foot)step
шага́ть/шагну́ть	to step, stride
швартова́ться	to berth
шеде́вр	masterpiece
шепта́ть/прошепта́ть	to whisper
широта́	width; latitude
шкала́	scale
шква́листый	squally
шлю́пка	boat
шприц	syringe
штат	staff
штраф	fine
шути́ть/пошути́ть	to joke
шу́тка	joke
ще́дрый	generous
щит	shield; guard
ЭВМ (электро́нно-вычисли́тельная маши́на)	computer
экскурсово́д	excursion guide
эстра́дный	variety, show (adj.)
эта́п	stage
ю́ный	young
я́вственный	clear, distinct
яйцо́	egg
я́ркий	bright
я́рмарка	fair